JN258744

権力と孤独

演出家　蜷川幸雄の時代

権力と孤独

演出家 蜷川幸雄の時代

長谷部 浩
Hiroshi Hasebe

岩波書店

目次

一　蜷川幸雄はバイクのヘルメットを隣席にどさりと置いた
『稽古場という名の劇場で上演される三人姉妹』——一九八四年秋　1
二　キューポラの町に生まれて
『下谷万年町物語』——一九三五年秋　7
三　美術への憧憬。開成中学・高校時代
『制服』——一九四八年春　11
四　青俳養成所。俳優から演出家へ
『コースト・オブ・ユートピア』——一九五五年春　16

五　現代人劇場とラディカリズム
『真情あふるる軽薄さ』――一九六九年夏　26

六　敗れ去った者の情念的伴走者として
『ぼくらが非情の大河をくだる時』――一九七二年秋　34

七　櫻社解散と参宮橋事件
『泣かないのか？　泣かないのか一九七三年のために？』――一九七四年夏　46

八　市川染五郎のロミオは疾走する
『ロミオとジュリエット』――一九七四年春　53

九　唐十郎への恩義。三島由紀夫への反発
『唐版　滝の白糸』――一九七五年冬　64

一〇　劇作家秋元松代最大のヒット作
『近松心中物語』――一九七九年冬　73

一一 海外への道筋。東方から来たメディア
『王女メディア』『NINAGAWAマクベス』――一九八三年夏 81
一二 押す者のいない乳母車
『にごり江』――一九八四年冬 92
一三 一発の銃声で青春が終わった日
『タンゴ・冬の終わりに』――一九八四年春 96
一四 蜷川スタジオの誕生と過酷な演出
『NINAGAWA少年少女鼓笛隊による血の婚礼』――一九八六年夏 102
一五 大新聞に、一部の壁新聞で対抗する
『ハムレット』――一九八八年春 112
一六 そして中劇場へ。目線を演出する
『三人姉妹』――一九九二年冬 118

一七　背水の陣で小劇場へ
『夏の夜の夢』――一九九四年春　124

一八　階段をのぼり、権力へとすりよる
『ハムレット』――一九七八年夏　132

一九　蜷川幸雄の横顔。翻訳家の目
『ハムレット』――一九九五年秋　137

二〇　激情と思慮のただなかで
『ハムレット』――二〇一五年冬　143

二一　栄誉と芸術監督
『身毒丸』――一九九五年冬　149

二二　藤原竜也十四歳の出現
『身毒丸』――一九九七年春　152

二三　野田秀樹作品に挑む
『パンドラの鐘』――一九九九年冬　158
二四　国が倒れるすさまじい音
『グリークス』――二〇〇〇年夏　165
二五　ベトナム戦争の悪夢
『マクベス』――二〇〇一年冬　172
二六　「蜷川イヤーズ」とレセプショニスト
『マクベス』――二〇〇一年冬　177
二七　大竹しのぶと寺島しのぶ。獰猛にして果敢な
『欲望という名の電車』――二〇〇二年春　180
二八　吉田鋼太郎主演のシェイクスピア
『タイタス・アンドロニカス』――二〇〇四年冬　183

二九　野村萬斎は生を嘆く
『オイディプス王』――二〇〇四年春　198
三〇　歌舞伎、その前近代的な闇と死
『NINAGAWA十二夜』――二〇〇五年夏　203
三一　怒り
『ペリクリーズ』――二〇〇三年冬　209
三二　井上ひさしとの蜜月
『天保十二年のシェイクスピア』――二〇〇五年秋　214
三三　オールメールキャスト。スキャンダラスな匂い
『お気に召すまま』――二〇〇四年夏　220
三四　ゴールド・シアターとネクスト・シアター。車の両輪のように
『真田風雲録』――二〇〇九年秋　224

三五 村上春樹をアクリルの空間に収める
『海辺のカフカ』――二〇一二年春 232
三六 香港のリア王
『鴉よ、おれたちは弾丸をこめる』――二〇一四年秋 241
三七 もう少し優しくしとけばなあ。演出補井上尊晶の述懐
『鴉よ、おれたちは弾丸をこめる』――二〇一四年秋 246
三八 生とは猥雑にして神聖ではないか
『リチャード二世』――二〇一五年春 250
三九 長いお別れ。もう、この劇場の主はいない
『尺には尺を』――二〇一六年春 260
あとがき 265

一　蜷川幸雄はバイクのヘルメットを隣席にどさりと置いた

『稽古場という名の劇場で上演される三人姉妹』――一九八四年秋

「平幹二朗って俳優はね。喉に三ミリ、紙でこすって浅い傷ができただけで、紙でですよ、いわれなければ見えないくらいの傷です。それでこれまでの（音域の）最高音が出なくなった。引退しなければと言い出すんです」

蜷川は唐突な話題をいきなり口にした。待ち合わせ場所に来る間、頭にこびりついていた考えなのだろうか。

一九八四年の秋に蜷川幸雄とはじめて会った。今はもうない情報誌「シティロード」の編集部から、インタビューを依頼され、渋谷の東武ホテル一階の喫茶室で待ち合わせた。もちろん、蜷川の舞台を観てはいたが、面識はない。まだ、二十代だった私は、緊張して演出家を待っていた。

バイクに乗って現れた蜷川は、隣の席にヘルメットを無造作に置いた。

「中年になってからバイクを始めたからね。平幹二朗は、もう弔辞を用意しているっていっているよ」といって笑った。引退や弔辞のような重みのある言葉を軽々と使う人なのだと思った。

精悍な空気が漂う。けれど人をとろかすような笑顔を持っている。気さくで偉ぶることのない雰囲気で、さしたる経験もないインタビュアーにはありがたかった。今もあの午後の日差しのなかで、笑顔を絶やさず、エネルギッシュに話していた姿を思い出す。蜷川幸雄四十九歳の秋であった。

蜷川幸雄は、自らの名前で観客を呼べる演出家として、商業演劇の革新者でもあった。主演俳優の名前と同等以上に、演出、蜷川幸雄の名前が宣伝に使われた。その意味でも蜷川はこの世界で、まぎれもなく権力を掌握していた。

もっとも、この時のインタビューをまとめた原稿は商業演劇の舞台に触れた後は、残りの紙幅を蜷川幸雄が九月に若い俳優、スタッフと結成したGEKISHA　NINAGAWA　STUDIOに割いている。

この集団はGEKISHA　NINAGAWA　STUDIOとして出発したが、九二年には改称している。表記は英文、和文さまざまなので、もっとも一般的な蜷川スタジオにここでは統一しておく。

蜷川は、この新しい集団が十一月、十二月に発表する『稽古場という名の劇場で上演される三人姉妹』(アントン・チェーホフ作　神西清訳)について語るとき熱を帯びた。

蜷川が率いる蜷川スタジオは、俳優たちが作ってきたエチュードを再構成した試演会から、『三人姉妹』のようなチェーホフの古典を新しい解釈で上演する本格的な公演へと進もうとしていた。

蜷川は当時、帝国劇場、日生劇場を中心に東宝制作の舞台を作り続けていた。一九八四年一月、樋口一葉原作の『にごり江』(日生劇場)、四月、清水邦夫『タンゴ・冬の終わりに』(PARCO西武劇場)、五月、エウリピデス『王女メディア』(新宿花園神社野外公演)、六月、秋元松代『元禄港歌』(御園座)とひっきりなしに公演が続いていた。いずれも、こののち繰り返し上演されるすぐれた舞台で、今をときめく演出家と目されていた。

国内ばかりではない。世界への進出の初期にあたり、この年の七月からは『王女メディア』を持ってギリシア、イタリア、フランス公演を行っている。ヨーロッパでの公演は、八三年のイタリア、ギリシアに次いで二度目。前回のアテネ公演では、山の上にあるリュカベトス劇場だったが、評判が高かったために、ギリシアを代表する円形劇場のヘロデス・アティコス劇場に迎えられた。

この時の映像記録が今も残っているが、晴れがましい舞台に胸を張る出演者の姿がすがすがしい。凱旋公演もまた、新宿花園神社で行われ、まさしく八面六臂の活躍であった。

蜷川は商業演劇の演出家であることに安住しようとはしなかった。ヨーロッパでの成功にも酔ったりはしなかった。満ち足りているはずの時期に、あえて自分自身の集団を持った。こののち本書で語っていくが、蜷川は生涯、商業的にも成立する作品と若い世代との共同作業を並行して行ってきた。

この二重性がなぜ蜷川につきまとったのか、私は興味深く思う。蜷川という演出家のなかに巣くっていたある種の分裂は、私がはじめて会った時期に、はっきりと顕在化していた。

蜷川は蜷川スタジオの目的について、こう語っている。今後の蜷川を考える上で重要に思われるので引用する。

「最近、テレビの俳優とか歌手を評価の基準にするからね、ユニークな個性を持った人が、養成される途中で落とされてしまう。で、おもしろい俳優がどんどん少くなってきてしまっている。僕はそんな俳優を集めたい。今年も男5人、女5人ぐらい採ろうと思っていてね。あまり年をとっていると、せっかくの若い連中のチームワークが崩れるから、年齢的には30ぐらいの人。そういう人がいたらオーディションを受けてほしいね。（中略）古くてダメなのは入れ換える。どうしてかっていうと、集団というのは、すぐに固定化して、ひとつの世界にまとめようとする。僕も何回も集団を作っては、壊してきたからわかるけど、一回、ちょっと評判よかったら、もうダメね。だから次の血を入れて、今いるヤツらを脅かしてやろう、と。ダメならどんどんはじかれていく。ペアを組むときに相手になってもらえない。そういう危険な状況にあるというのが、俳優にとっては一番いいことなんだ」（初出「ＣＩＴＹ　ＲＯＡＤ」一九八五年二月号／蜷川幸雄『Ｎｏｔｅ増補　１９６９～２００１』二〇〇二年　河出書房新社）

この言葉からもオーディションで採否を決定するのは、蜷川幸雄自身だとわかる。

帝劇や日生劇場で上演される舞台は、いかに前衛的だといっても、商業資本によって製作される商品であることをまぬがれない。また、東宝という大組織のなかでは、蜷川幸雄といえどもすべてが思いのままになるはずもない。上演演目や配役も、蜷川の一存では決められない。けれど、この蜷川スタジオでは、まさしく蜷川が頂点に君臨しているのだった。

ここで重要なのは、「古くてダメなのは入れ換える」「次の血を入れて、今いるヤツらを脅かしてやろう」という発言で、劇団の主宰者としての自負にあふれている。蜷川は自分自身の強い言葉に照れたのか、インタビューの終わりにこう付け加えている。

「蜷川スタジオといっているのは、自分に虚名があるから、他に優秀なヤツがいれば〇〇スタジオにしてもいい」

とはいえ、この蜷川スタジオから、彩の国さいたま芸術劇場で結成したさいたまネクスト・シアターまで、蜷川は若手中心の劇団を組織し、主宰者の立場を譲ることはなかった。集団のなかで、まぎれもなく権力者であり続けた。権力と引き替えに孤独な存在になろうと、決して怖れなかった。

また、私が蜷川の演出家としての人生について振り返ったとき、切実に思えるのは、蜷川が老いによって才能が失われるのではないかと、折に触れ繰り返し語っていることだ。

「僕自身の問題ですが、僕は四九歳。来年は五〇になる。だいたい五〇歳過ぎてるいい演出家ってあまりいないんです」

当時、二十八歳だった私は、この原稿の末尾に、「この人が演出を止めるときがくるなどとは、到底信じられなかった」と、書いている。

周知のように蜷川は二〇一六年の五月十二日、肺炎による多臓器不全のため八十歳で逝去している。前年十二月に入院するまでは、人生のほとんどを稽古場で過ごした。演出作が十本を超える年も少なくない。蜷川は老いの恐怖と闘いつつ逝った。その事実は揺るぎない。

二　キューポラの町に生まれて

『下谷万年町物語』――一九三五年秋

蜷川幸雄は、一九三五年十月十五日に、埼玉県川口市に生まれている。翌三六年の二月には二・二六事件が起こっているから、第二次大戦を間近に控えた動乱の時期に生をうけたことになる。生家は洋服屋で、蜷川は職人である父の背中を見て育った。姉が一人、兄三人がいて、五人兄弟の末っ子にあたる。

「僕の父親は洋服の仕立て職人でした。父親や母親たちがどんなに一生懸命に生きたって、たかが知れた人生でしかない。しょんぼりした後ろ姿で父親が座っていたりするのを、息子として見ていました。痛ましいというか、「そんなに夜遅くまで仕事をしなくてもいいのに、大変だなあ」「職人というのは、何でこんなに仕事が好きなんだろう」と思っていた。それは同時に、苛立ちでもあるわけです。そうやって黙って生きている人間たちにも、ちゃんとした価値があって、光を与えることを忘れちゃいけない。それは、ストイシズムとしてあるんだと思います」(蜷川幸雄　長谷部浩『演出術』二〇一二年　ちくま文庫)

演出家は芸術家である以前に職人でありたいと蜷川は願っていた。そう思う原型は、父の背中にあった。

鋳物の町工場が建ち並ぶ川口に育った。この下町では日常の挨拶が「元気か、ばかやろう」だった。乱暴だが親愛に満ちた言葉が威勢良く飛び出してくるのである。

また、一方、母は華やかな舞台が大好きだった。

母に連れられて東京の中心部に歌舞伎やオペラ、バレエを観に通った体験を、後年懐かしく語っている。具体的には、諏訪根自子のヴァイオリン・コンサート、藤原歌劇団の『カルメン』をあげている。歌舞伎については、母は初代中村吉右衛門、父は二代目市川猿之助(初代猿翁)の贔屓だった。

県境に位置するとはいえ、川口市は埼玉県であって、東京都ではない。京浜東北線に乗って鉄橋を越え、川を渡ると東京都になる。

父と母、職人の町川口と歓楽街の日比谷・有楽町・木挽町。日常と非日常。こうした振れ幅の多い世界を体験しつつ蜷川は少年時代を過ごした。

後年、蜷川は劇作家唐十郎が書いた自伝的な戯曲『下谷万年町物語』を一九八一年に上演している。川口の気質や環境と、唐が生まれ育った台東区上野の下谷万年町を比較しているのは興味深い。『下谷万年町物語』は、浅草の軽演劇の劇団「サフラン座」をめぐる物語だ。

「富山から東京に出てきた母親が戦争が終わったのをきっかけに、夢のように憧れていたものを観たくて、子供を連れて行く。(中略)だから、唐さんとは真逆の芸能体験で、軽演劇はほとんど観てないんです。

もっとも、それはそれでコンプレックスになっていて、いまだにずっと尾を引いているわけです。演出をしていて何が一番神経を使うかというと、喜劇の人と仕事をするときですね。自分より苦労して育ってきた人に対して、コンプレックスがあると同時に気を遣う。喜劇出身の俳優さんは、人の上に来る人だとか、演出家だとか、周辺の人、あるいはファンも含めて、人間の存在について、少し底辺の生活をしながら世界を見た経験があるでしょう。地を這うような生活をしてきた人にかかれば、演出家の虚勢なんて簡単に見破られますよ」(『演出術』)

蜷川は後年、アングラ演劇や新劇の俳優ばかりではなく、他のジャンルから来た俳優とも積極的に仕事をした。歌舞伎、宝塚、大衆演劇、プロレスなど、俳優がその技芸を身につけたジャンルを問わなかった。

また、蜷川が雑多な下町の風俗について、生理的な嫌悪感をあらわにしているのも興味深い。

「汚いものが嫌いなんです。いまだに浅草を歩いていて、歩道が汚かったり、ごみ箱があふれていたり、煮込みとかもありますね。ああいうのを見てられない。（中略）痰を吐いたような跡があるような歩道を歩くのが、だめなんです。いまだに苦手。それはある種のコンプレックスの裏返しなんでしょう。痰も我慢して、何かつかまない限り、世界の全体は手に入らないと思ってはいるんですが。唐は平気でさっと浅草をあたかも自分の世界のようにやるけど、実はそれだけじゃない。彼はヨーロッパ的な教養に裏打ちされているわけです。状況劇場に遊びに行って一番驚いたのは、みんなでフランス語や英語で上演された演劇のレコードを聞いたりしていたことでした」（『演出術』）

世界の全体を手に入れるために、生理的な嫌悪感を克服しようとしたが、それはかなわぬことであった。人間は生まれた環境が生み出すコンプレックスに一生つきまとわれる。蜷川はその残酷さをよく知っていた。

三　美術への憧憬。開成中学・高校時代

『制服』——一九四八年春

蜷川幸雄は、好んで自己紹介に「開成高校卒業後、東京藝術大学美術学部の油画を受験するが失敗、将来の進路に迷っていた時、偶然、「劇団青俳」による安部公房『制服』を観て衝撃を受け青俳の養成所に入った」としるしている。

藝大は、多浪の学生が多いことでも知られている。特に絵画科の油画は五浪、六浪を経て入学した学生も少なくない。蜷川が本気で画家の道を歩むのであれば、続けて受験することも選択肢としてはありえた。蜷川は浪人を選ばずに、俳優の養成所に入った。これは大学に行かない人生を意味した。

当時、俳優座の養成所が、演劇、映画の世界に人材を輩出したのはよく知られた事実である。のちにともに仕事をする平幹二朗も、俳優座養成所の第五期生として三年間の教育を受けている。

俳優に大学卒の学歴は、何の役にも立たない。むしろ、邪魔になることさえあったろう。けれども、美術の専門教育を受けなかったにもかかわらず、舞台上の美術的な要素にこだわり続けた。この経歴は、蜷川の一生を左右したのではないかと私は考えている。

子供時代、少年時代の蜷川幸雄については、「日本経済新聞」編集委員の内田洋一が聞書きをした「私の履歴書」に詳しい。のちに、この聞書きは各公演のたびにパンフレットに書かれた演出家としての言葉とともに、一冊の本になった。『演劇の力』(二〇一三年　日本経済新聞出版社)である。時期から考えて、蜷川は健在であり、周囲の証言から、出版の前に自分自身で目を通しており、蜷川本人名義で発表されていることを考え合わせても、資料としての価値は高いと思われる。

蜷川は一九四八年春、地元川口の小学校から、中高一貫教育の開成中学へ進学している。高校一年生の途中から、午後の授業をさぼりだし、上野にある東京藝大の彫刻室(おそらくは、現在は建て替えられてもうない美術学部本館の石膏室)で学生が絵を描いている姿をのぞいたり、のちに新演出の『マクベス』で舞台美術のモチーフとなる不忍池をめぐり、池之端のジャズ喫茶に行ったりしたという。回想には、上野などの下町が出てくるが、西日暮里駅からほど近い開成中学、開成高校に通った蜷川にとって、上野は近しい場所だったとわかる。

この本に収められた開成時代の二葉の写真が目をひく。三十五頁の一枚は、おそらくは荒川だろう。コンクリートの堤防にひとりで座っている。上下共に制服姿で、靴ではなく下駄だ。手は膝のあたりで組んでいて、向かって左のかたわらには、帽子と本らしきものが見えている。伏し目がちでナイーブな容貌である。時代を特定するのはむずかしいが、高校のはじめくらいだろうか。

小学生時代、仲の良かった私の友人も、開成中学に進んだ。進学後にはじめて会ったとき違和感を覚えた。それは開成の制服のボタンが金ボタンではなく、黒のつや消しでレリーフのように校章が浮き出ていたからである。ペンと剣の記章。それは文武両道であれと無言で語っていた。開成の制服は目立つのである。

また、開成中学は都内と近郊のもっとも優秀な小学生が進学してくる。一番を譲ったことのない、学年でも上位の子供たちが集められて、改めて覇を競う過酷な戦場でもあった。もっとも、現在のように東京大学の合格者数日本一を誇るような超難関校ではなかった。現在開成中学・高校の理事長・学園長を務める丹呉泰健は、六九年の卒業だが「入学当時は、まさに下町の学校でした。生徒は地元である荒川区や北区、台東区、文京区のほか、川口や浦和、市川などからも通っていた。商店主や職人、町工場の経営者などの子息がたくさん。これが学校群導入からは、サラリーマン家庭の子弟が増えていきましたね」（永井隆「名門高校　俊英の軌跡　第二回　開成高校〈下〉」／「中央公論」二〇一七年二月号）と語っている。

蜷川は一九五五年に開成高校を卒業している。東京都に学校群ができたのは六七年である。この制度が実施されてから、都立進学校から開成、麻布など有名私立校へのシフトが始まる。蜷川が在学した頃は、進学校ではあっても、下町の自営業者の子弟が集まる空気だったのは、想像に難くない。

蜷川は高校一年生時代の上野周辺での「徘徊」が影響して、学期末には速達が舞い込んだ。『演劇

高校時代　友人たちと（中央：蜷川幸雄）
© ニナガワカンパニー

の力』で蜷川はこう語っている。

「『原級に留まる』。

母親が泣いた。簡単に涙を見せるような女じゃない。それが「ユキオ、どうするの、お前」と涙をこぼしている。

成績が下がってきたことは知っていたようで、小中学生のとき家庭教師だった浜田陽太郎さんにまた習いにいけ、と言いだしていたが、まさか落第するとは思いもしなかったのだろう、さすがにうろたえていた。

ぼくも「あ、泣くんだ」と思って、この涙はこたえた。もっとも、このお袋は「私、泣いてなんかいないわよ」とあとで言いはったが。

父親は「そうか」とつぶやいただけだった。職人の父はぼくを説教したことがない。ちゃんと小遣いをくれて、やりたいことはやらせ、黙って見ていてくれた」

このエピソードからも理解ある寡黙な父親、強気の母親のもとで蜷川が育ったとよくわかる。

もう一枚の写真は『演劇の力』の三十九頁にある。右に収録した写真である。友人たちふたりにはさまれて蜷川がいる。両脇のふたりは、学校指定の体操着とラグビーかサッカーらしきスポーツウェアなのに対して、蜷川は開成の制服の胸に、万年筆を挿している。

この時代、中学生の入学祝いに万年筆を贈るのはめずらしいことではなかった。その贈り物を胸に挿すのは、ちょっとした気取りだった。先ほどの写真と髪型がほとんど一緒なので、それほど隔たってはいない時期に撮影された写真に思われる。本を読み、演劇に通い、絵画に魅せられる知的好奇心あふれる高校生だったと写真は物語っていた。

四　青俳養成所。俳優から演出家へ

『コースト・オブ・ユートピア』――一九五五年春

人間は自分が受けた教育から逃れることはできない。すり込まれた教育は、生涯にわたって人生に、そして、表現につきまとう。演出家蜷川幸雄も例外ではなかった。

蜷川は、一九五五年、劇団青俳の研究生となる。蜷川が受けた演劇教育は当時の新劇養成所の中でも先進的だった。

演出家としても独創的な舞台づくりで時代の前衛として高い評価を受けていた小説家安部公房、のちに早稲田大学の演劇博物館の館長となる英文学者の倉橋健らが講師だった。その当時に受けた教育については、蜷川が自ら語っている。東大を頂点とする受験が当然とされていた私立高校卒業生にとっては、刺激的な毎日がはじまったのだろう。

蜷川にとっては開成を出て一般の人文系大学に行く道に興味はなかったと思われる。一般大学の受験については、私の知る限り、まったく言葉を残していない。けれど、藝大の美術には愛着はあったように思われる。

晩年にあたる二〇一四年の六月、多忙を極めるなか、当時藝大学長だった宮田亮平の招きに応えて、校内の奏楽堂で行われた「第十五回　学長と語ろう」と題されたコンサートのトークショーに出演した。記録映像を見ても「もう、いつ死ぬかわからないから、全部やってしまいます」と多忙な稽古場の日々を語り、また、トークショーの終わりには観客に向かって「いつ終わりがくるかわからないので、ぜひ(自分が演出する舞台を)観に来てください」と機嫌良く語っていることからも伺い知れる。

蜷川は、青俳でぜいたくな教育を受けた。その結果が、八十年の生涯に結実したのではないか。

二〇〇九年にトム・ストッパードの『コースト・オブ・ユートピア』を蜷川が演出したとき、私は「蜷川幸雄は新劇か?」と題したインタビューを行った。

一八三三年にはじまるこの物語は、前近代的な農奴制が続くロシアを舞台としている。農奴たちの過酷な現状に変革をもたらそうとする知識人たちは、言葉が紡ぎ出す哲学や理論を背景に、未来の設計図を描き、革命を志す。

この難解な作品をなぜ日本人が演出し、演ずるのかという疑問に対して、蜷川はこう答えている。

「外国文学の教養そのものが僕らの教育の基盤だったから、あらゆるものをヨーロッパから学んでいる。でも同時に、それだけがあり得べき姿じゃないよなということで、日本のアングラ演劇は始まった。ヨーロッパ的な教養主義や啓蒙主義から離脱しようとしてきたんですね。それと同時に、自分の国の根底とつながる仕事になっていかなきゃしょうがないと戻っていました。自分の新劇、アングラ演劇とかかわった歴史を振り返ると、僕らが類推できることはこの戯曲にたくさんある。ことに僕らの世代は新劇的な教養として、ロシア文学やスタニスラフスキー・システムを含めて、ロシアの圧倒的影響を受けて育ちました。高校時代には『共産党宣言』を暗記してたんですよ」(『演出術』)

すでに七十三歳になった演出家が、かつての教養の基盤について語っている。『コースト・オブ・ユートピア』の稽古場の隅には、劇の背景になる資料、書籍や写真を揃えた小図書館がしつらえられ、俳優やスタッフは自由に読むことができた。

蜷川は研究生を経て、青俳の劇団員となり、入団半年で安部公房作の『快速船』で初舞台を踏んだ。一九五五年九月、飛行館ホールである。ピエロの扮装とメイクをした写真が残っているが、蜷川に台詞はなかった。

劇団の中心にいたのは、映像でも人気があった俳優、木村功と岡田英次のふたりである。このふたりから蜷川は「キン坊」と呼ばれ、かわいがられていた。裏方の仕事を手伝わず「貴族俳優」と呼ばれていたと蜷川は露悪的に語っているが、生意気さと、人懐っこさが同居した二十前後の青年だったのだろう。

蜷川が野球場のベンチに座って足を組み，野球帽をあみだにかぶってはにかむように微笑む写真がある。白いユニフォームの胸には大文字で「SEIHAI」とある。

「よく僕の出自が新劇だとかいわれるけど，青俳の養成所に行ってしまったものは仕方がない。ただ，演劇の歴史に関する教養は，ないよりあった方がいいに決まっています。僕はちゃんとした台詞もしゃべれて，なおかつ文学から独立した演劇的な身体がある。その両方を兼ね備えた演劇ができればいいと，今に至るまで思っているわけです」(『演出術』)

あくまで演出家として功成り名を遂げてからの感想である。

蜷川幸雄は二十代を青俳の公演に出演するとともに，テレビや映画などで準主役や重い脇役を演じていく。現在でも容易に観ることができる映画に，吉田喜重監督の『樹氷のよろめき』(一九六八年)がある。この作品で蜷川は，女優岡田茉莉子の相手役を務めている。蜷川幸雄の俳優としての評価は，現在の観点から見ても，さほど悪いものではなかった。やや生硬ではあるが，屈折のある役をよく演じている。

『近松心中物語』で主役の梅川を演じた文学座の女優，太地喜和子が，初演の稽古をしているとき，たまたま放映されていたテレビの時代劇『水戸黄門』で蜷川の演技を見て，こんな感想を漏らしたと，蜷川自身が繰り返し語っている。

「あんな旧い演技をする人が、自分たちの演出家だと思うとなんだかダメ出しを素直に聞けなくなっちゃうのよ、お願いだから俳優やめてちょうだい。生活できなかったらお金あげるから」(『演劇の力』)

太地としては蜷川の厳しいダメ出しに対する反抗心がいわせたものだろうか。これもジョークと捉えるのがふさわしく、真に受ける類の評価ではない。いかにもマスコミが好みそうなエピソードを蜷川は語っている。蜷川は、こうした俗っぽい話題で、マスコミにサービスするのを生涯止めなかった。「灰皿を投げる演出家」というレッテルも、煙草を止めてからも厭わなかった。マスコミとは所詮その程度のものだと、見切っていたと私は考えている。

テレビで売れるのが目標ではない。演劇人として立っていくことを中心に考えていた蜷川にとっては、当時、新劇にかわって急速に注目を集めていた状況劇場の唐十郎による劇作が視界に入っていた。

「まず、俳優をやめた大きな原因は、唐の戯曲を演じることができる身体が僕にはないと思ったからです。人に聞かれると、下手だったとか、自意識過剰だったとか言っていますけど、本当はそれが理由です。唐さんの優れた言語をそなえた戯曲を上演するとして、役を振るとしたら、蜷川幸雄という俳優はどこにもいらない。こんなすごい戯曲があるのに、俺はどの役もできない。『ジョン・シルバー』をやるとしたら、主役はもちろん、あの中に出てくるどの人物にも、自分はなれない。こんなすごい戯曲をできない俳優だとしたら、やっていても仕方がないと思ったのは明らかですね」(『演出術』)

唐十郎は「ジョン・シルバーもの」と呼ぶことのできるいくつかの戯曲を書いているが、年代からすると一九六五年の『ジョン・シルバー』あるいは六八年の『続ジョン・シルバー』のいずれか、あるいは両方を指しているように思われる。スティーブンソンの『宝島』に想を得て書かれたこの一群の戯曲は、現実から軽やかに離れ、夢想へと飛び去る飛躍にあふれている。一本足の船長シルバーも、単なるリアリズムで演じることのできるような役ではない。

独創的な文体と発想を持つ唐十郎の登場は、当時、新劇の養成所出身の若手俳優の憧憬を集めるとともに、ある種の絶望をもたらした。一九四一年生まれで、蜷川と六歳違いの橋爪功は、アングラ演劇が台頭してきた六十年代後半から七十年代にかけての若手の気持ちをこう語っている。橋爪は文学座の分裂によって、芥川比呂志らの「雲」へと移っていた。

「気がついたら演劇の主流はあっちへいっちゃったんです。多少いろいろな役はつくようになったけど、じゃあ、おれの徒弟制度に苦しめられたこの十年間の汗と涙は、いったいだれが報いてくれるんだと思った。おっと思ったら、客はそのまま行きすぎて花園神社にいっちゃった。状況劇場なんて、泥くせえ芝居じゃないかとか、東京ってカッペの集まりだからなとか、いろいろ飲んだり荒れたりしましたけど、とにかく自分たちでやろうと。だから焦っていろんなことをしましたよ」(長谷部浩「Nonfiction Novels 42　橋爪功」／「テアトロ」一九九六年二月号)

花園神社とは、唐十郎が率いる状況劇場が拠点とした新宿の神社である。蜷川と現代人劇場もすでに脚光をあびていた。当時、意欲のあった若手の新劇人にとって、この橋爪の焦りは共有されていたと思う。橋爪は一九七五年に「雲」の分裂とともに、芥川、仲谷昇、岸田今日子らと演劇集団円を設立している。

もうひとり、蜷川幸雄の人生を大きく変える劇作家がいる。青俳から独立し、演出家として立つきっかけを作った清水邦夫である。

五十代の前半に差しかかった蜷川が、この時期について、あけすけに語った資料がある。舞台装置家でエッセイストの妹尾河童がまとめた対談集『河童が覗いた仕事師12人』(一九九八年　新潮文庫)である。この元本にあたる単行本は、一九八七年の七月に平凡社から刊行されている。井上ひさし、篠山紀信、立花隆、三宅一生らの文化人の仕事場を訪ねて、妹尾がイラストを描き、対談する企画だった。

ジャーナリストや評論家ではなく、『NINAGAWAマクベス』の美術を担当した仕事仲間の妹尾だけに、めずらしく蜷川は自宅の離れにある独立した書斎に迎え入れ、ざっくばらんな口調で話している。

蜷川　ぼくはこの環境が気にいって住んでいるけど、都心からは遠いので、人に来てもらうのも悪くてね……。あまりお客を招いたことがないんですよ。

河童　というのは建前で、本音は人を呼ぶのも、自分のほうから他の人の家に出かけて行くのも、好きじゃないんでしょう？　かつて、そんなこと言ってたじゃない。

蜷川　そう、好きじゃないね。この家には、仕事で親しく付き合っている人でも来てもらったことがない。

河童　平幹二朗さんや、プロデューサーの中根公夫君も？

蜷川　一度も来ていないね。

河童　そうか。仕事と日常生活はハッキリ切り離しておきたいというわけなのね？

蜷川　そうそう。

この短いやりとりからも、蜷川の性向が窺える。大きな仕事を東宝で共にしていた平や中根でさえも、自宅アトリエに呼んでいないという。

続いて、俳優から演出家になった動機について語っている。

蜷川　脇役しかやっていない俳優が、突然「演出をしたい」と申し出て企画を出しても、劇団側が簡単にオーケーするわけもないよね。で、退団して、六九年《（ママ）》に自分で劇団を作ったわけ。

河童　『現代人劇場』ね。その時すでに、この芝居の演出をやってみたいと思う戯曲を持っていたの？

蜷川　清水邦夫に頼んで書いてもらった本で、新宿のアートシアターという映画館でやりたいと思ってた。その時清水から、「行列の中で狂っていく男と女の芝居を書こうと思うけれど、できるか」って言われて、舞台の模型作ったりしながら考えていった。「ぜったいにやるぞ！」って自分で決めていたんだよ。

渋谷の桜丘に新しい稽古場を借りた。駐車場の上の、鉄骨がむき出しのガランとした稽古場だった。現代人劇場のメンバー十六人全員が集まって拭き掃除をした。当時、七十円だったラーメンをとって引っ越しソバの代わりにした。床の上に新聞紙を広げて敷いたり、拾い集めたミカン箱を卓袱台《ちゃぶだい》にしたりしたという。若い集団が旗揚げする情景が目に浮かぶようだ。俳優から演出家へ。意欲あふれる転身に見えるが、内心は恐怖に震えていたと続けて語っている。

「これまで劇団の研究生だったのが初めて劇団員として自分たちの城を持ったもんだから、実に嬉しそうな顔をして食ってるんだよね。ところが俺の方は、演出家の才能があるかどうかもわからない。ましてや飾るべき学歴も、演劇的な経験もないわけだから、支えとしているものは、カンでしかないでしょう。だから、みんなの無心で喜んでいる姿見ているうちに、急に自分に対して不安になっちゃったのね。そうしたらラーメンが喉を通らなくなったの。それ以来、ラーメンを胃が受けつけなくなってしまった」

『演出術』を作るために蜷川から二年半余り話を聞いた。いよいよ本にまとめるときに、蜷川は自宅から当時の資料を持ってきてくれた。そのなかに一枚のチラシがあった。一九六七年六月、青俳の稽古場で『ヴォルフガング・ボルヒェルトの作品からの九章』を演出したときのチラシである。

現代人劇場の稽古場を開いて、仲間たちがラーメンをすすっていた時点では、蜷川には、この一作品の演出経験しかなかった。自負はあったろうが、支えはない。どんなに仲間が喜んでいても、演出家となった自分自身はともに喜び、愉しむことはできない。集団の中で孤立を引き受ける。不安は決して去ることはない。これから生涯続く孤独のはじまりだった。

五　現代人劇場とラディカリズム

『真情あふるる軽薄さ』――一九六九年夏

先の章にあげた清水邦夫の本とは、『真情あふるる軽薄さ』である。この戯曲の上演が認められなかったために、青俳を退団して、蟹江敬三、石橋蓮司、真山知子、岡田英次らと現代人劇場を一九六八年に結成している。蜷川の本格的な初演出となる『真情あふるる軽薄さ』の上演は翌六九年の九月。蜷川は三十三歳であった。演出家としては、遅い出発ではない。

会場はアートシアター新宿文化を選んだ。支配人の葛井欣士郎に蜷川自身が頼み込んだ。

葛井は当時を振り返っている。

「4月か5月に訪ねてきたんですけど、本当に飛び込みだったと思います。話してるうちに、なにしろ話が弾んじゃったんです。感覚的にすごく面白かった。彼の演出の能力なんて考えたこともなかったんです、それまで見たこともないし、やったこともないんだから」（葛井欣士郎『遺言　アートシアター新宿文化』二〇〇八年　河出書房新社）

一九六九年は、東京大学の安田講堂を占拠した全共闘の学生たちを機動隊が取り囲み、攻防戦が行われるなど学園紛争が激しさを増した年である。日米安全保障条約をめぐって学生、市民による反対運動が、学園ばかりではなく街頭に広がっていった。

新宿は当時、東京のなかで若者の文化が全盛を誇った街である。六月には新宿駅西口地下広場に七千人を集めた反戦フォーク集会が開かれたが、集まった人々は機動隊によって強制的に排除された。このとき以来、西口広場は通路と名を変えて、今も通路と呼ばれている。

『真情あふるる軽薄さ』が初演されたのは九月。上演は、先の葛井の証言によると四月か五月に決まった。政治的なスケジュールからすると、十月の二十一日には、六六年から続く「国際反戦デー」が行われるとわかっていた。大規模ストライキを控えて、新宿が沸き立つような状況にあると、蜷川は当然のことながら予測していただろう。現実に、十月二十一日には「新宿騒擾事件」が起こり、駅周辺を中心に一時、無法状態に陥ったのはよく知られている。

蜷川が本格的な初演出の場に選んだアートシアター新宿文化は、当時、東宝、松竹などメジャーな配給会社とは一線を画し、実験的な映画を作り続けていたATG(日本アート・シアター・ギルド)の作品を中心に上演していた映画館である。

大島渚、吉田喜重らの監督は、松竹を退社し独立プロを作って映画制作にのりだしたが、ATGは彼らの支援をするシステムを作りだした。また、ルイス・ブニュエル、フェデリコ・フェリーニ、ジャン＝リュック・ゴダール、サタジット・レイなど最先端の映画を輸入、配給した。

映画館ではあるが、開場の翌年、一九六三年六月からは、コンスタントに演劇公演を行っている。第一弾は文学座から分裂、独立した「雲」の『動物園物語』(エドワード・オールビー作　荒川哲生演出)である。その年の十一月には、民芸が『夏の日、突然に』(テネシー・ウィリアムズ作　菅原卓訳・演出)を上演している。

既成の新劇団ばかりではない。寺山修司の天井桟敷がたびたび公演を打つほか、鈴木忠志の早稲田小劇場も登場している。アートシアター新宿文化は、こうしたアンダーグラウンドの文化を代表する拠点であり、蜷川はその一員として名前を刻むことになる。

私にとってアートシアター新宿文化が映画館のイメージが強いのは、まだ年少だったからで、夜の九時半から行われる一幕物の前衛劇に行くほどには、大人になっていなかったからだと思う。

『真情あふるる軽薄さ』も、ふだんの映画上映が終わってから、急いで装置を組み、上演された。いわばレイトショーの形式での上演だった。

葛井は当時の新宿について以下のように書いている。

「どの映画よりも、どの演劇よりも強烈、迫真のドラマが日夜この街で展開していたからである。新宿という巨大な舞台で何千、何万という大群衆によって演じられる大ドラマ、大スペクタクル、作りものの血ではない本物の人間の血が流れ、怒りの声が私の魂をゆさぶった」(葛井欣士郎『アートシアター新宿文化　消えた劇場』一九八六年　創隆社)

葛井は映画、演劇の制作と深く関わった人間である。その葛井にしても「作りもの」は、当時の新宿の現実には到底かなわないと語っているように思われる。また、その空気感ばかりではなく、当時の演劇人たちによってどんな議論がなされていたかが大島渚監督の『新宿泥棒日記』(一九六九年公開)を観るとよくわかる。「デモに行くか、稽古をするか」が真剣に俳優やスタッフによって議論された時代である。蜷川にしても、観客を揺さぶるには、街路で行われるドラマやスペクタクルと拮抗する演出が求められていた。

劇作家の清水邦夫は、この作品について、回想している。「『真情あふるる軽薄さ』では、忘れ難い挿話がある。蜷川に、初演出用の戯曲をたのまれた時、つい思いつきで、「長い行列の芝居を書きたいんだけど、そんなもの舞台にのるかな。一人の若者がやってきて整然と並んでいる行列にからみ、罵倒する話なんだけど」というと、彼は間もなく(次の日だったような気がするが)舞台の模型と行列用の人形を沢山作って、わたしの前に現われた。そして若者が行列にからむ様々なシーンを想定し、それ

『真情あふるる軽薄さ』1969年　アートシアター新宿文化
（左：蟹江敬三，右：真山知子）　© ニナガワカンパニー

を人形を使って具体的に説明してくれた。その熱心な手つき、人形を並べる眼、模型を扱う慎重な動作、そういったものを見ていると、わたしは自分の遠い日のあれ、全集を使っての軍艦づくりを思いだし、ついそれに自分を重ね合わせながら、半ば茫然として彼を見つづけたのを覚えている」（「磨り硝子ごしの風景I――自作解説にかえて」『清水邦夫全仕事　一九五八～一九八〇〈上〉』一九九二年河出書房新社）

蜷川の演出がきわめて具体的な、しかも視覚的な要素をまず考える手法で成り立っているとわかる。戯曲の完成を待たずに、簡単なプロットの段階でも、舞台模型と人形が先立つ。立体的かつ奥行きのある舞台美術と俳優のダイナミックな動きによって知られる蜷川の演出が、その出発点から確固としてあったとわかる。

現実の舞台はどうだったのか。

これも葛井が初演について貴重な証言を残している。支配人としておそらくは稽古も立ち会い、九月十日から二十二日まで、本番も何度も見ている人間の観察である。

「ちょうど劇場をとり巻く観客の長蛇の列のように、舞台の上に人の列が延々と続いている。青年たちがその群衆の前でひたすら喋る言葉の洪水、激しい挑発、そして無残な圧殺、機動隊の銃弾に倒れてゆく群衆、若者たち。それは当時の状況を写してあまりにも生々しく鮮烈で、連日超満員の反響を呼び、観客のどよめきと悲鳴が場内に異様な熱気と昂奮をたぎらせた。ラスト・シーン、ロビーの扉から役者の扮する機動隊の群れが場内に乱入すると、観客は虚構と現実の間を超えて、悲愴な叫びが場内一杯響き渡るのであった」(葛井欣士郎『アートシアター新宿文化　消えた劇場』)

「朝日新聞」の記者で、日本を代表する演劇評論家となった扇田昭彦は、この作品の衝撃を「『真情あふるる軽薄さ』の鮮やかな舞台づくりで、蜷川幸雄と現代人劇場は、現代演劇の第一線に躍り出た」(「境界を超えたラディカリズム」『蜷川幸雄の劇世界』二〇一〇年　朝日新聞出版)と後年総括している。

これらの記述からも、唐十郎に代表されるアングラ演劇の演出の影響が、蜷川に及んでいるとわかる。唐十郎の紅テント、佐藤信らの黒テント、野外に忽然と現れるテント芝居が当時の演劇界を席巻していた。

唐は幕切れに舞台後方のテントを跳ね上げる演出を得意とした。それまで一枚の皮膜によって隔てられていた舞台と現実がひとつらなりになる。現実の生々しい空気が、劇世界になだれこんでくる。

蜷川は、アートシアター新宿文化の空間に、新宿の街路で学生と衝突を繰り返していた機動隊をなだれこませることで、テント芝居と同様の効果をあげた。蜷川初の本格的な演出作品となる『真情あふるる軽薄さ』が、新劇の分派ではなく、アングラ演劇として捉えられたのは、アートシアター新宿文化の劇場としての性格、そして何より、蜷川の鮮やかな演出術によるものだったろう。

二〇〇一年に蜷川は『真情あふるる軽薄さ』をシアターコクーンで再演した。稽古場の演出席には、初演当時に使った上演台本があった。そこには黒い壁がびっしりと書き込まれていた。ローリング・ストーンズの有名な曲に『黒くぬれ!(Paint It, Black)』がある。この激しいロックが世界的にヒットしたのは六六年だった。上演台本に残された絵を見るだけでも、叩きつけるような怒りが伝わってきた。

「これは全部機動隊の盾なんです。写真を見れば、舞台の絵面はわかるんですが、行列をどう動かしたか、細かいことは覚えていません。そのときに使った演出台本は、初演の初日になくして、急遽、助手か誰かの台本をもらったんじゃないかと思います。初演の稽古場では自分の台本に演出を細かく書いていたんですが、鞄ごとなくなってしまった」(『演出術』)

『真情あふるる軽薄さ』の初日、台本をなくしてしまうほど、「ものすごく緊張していました」と蜷川は過去を思い出す。

黒い戦闘服に身を包んで、ジュラルミンの盾で押してくる機動隊は、国家権力の象徴であるとともに、圧倒的な暴力装置でもあった。蜷川たちは緊張にふるえつつも、権力に挑む闘いを始めた。

六　敗れ去った者の情念的伴走者として

『ぼくらが非情の大河をくだる時』――一九七二年秋

現代人劇場、そして櫻社は、清水邦夫の戯曲を蜷川幸雄が演出する路線をひた走っていく。『明日そこに花を挿そうよ』（一九七〇年）、『想い出の日本一萬年』（七〇年）、『鴉よ、おれたちは弾丸をこめる』（七一年）、『ぼくらが非情の大河をくだる時』（七二年）などは、その代表的な成果である。

先の扇田の論考によれば「彼らはラディカルな若者たちの闘いと敗走する姿を、党派的イデオロギーによらず、むしろ情念的伴走者として描き続けることになる」（『蜷川幸雄の劇世界』）としている。

当時の学生運動は、多くのセクトに分かれて覇権を競っていた。党派的イデオロギーは、路線闘争のたびに衝突を繰り返し、それぞれのセクトが運動の主導権を握ろうとしていた。扇田は、現代人劇場は、その闘いのなかで、「敗走する」人間たちに対して「情念的伴走者」であろうとしたと、現代人劇場から櫻社へと繋がる活動を評価している。

現代人劇場の学生運動とのかかわりについて、具体的には蜷川はこう書き残している。

「劇場の外では、新左翼のデモが機動隊と衝突を繰返していた。ぼくらはデモに参加し、芝居もやった。稽古場にはいつもヘルメットが転がっていた。『真情あふるる軽薄さ』の演出助手は四人いた。彼らのほとんどが、全共闘の学生だった。ＭＬ、革マル、中核、社青同解放派、これが四人の所属するセクトだった。闘争は敗北を続けていたけれど、まだその頃はよかった。やがてぼくらは身動きできなくなっていった」(蜷川幸雄「騒乱の新宿時代」『千のナイフ、千の目』二〇一三年　ちくま文庫)

この『千のナイフ、千の目』は、一九九三年以前に、蜷川自身が執筆した文章を集めている。また、この時期の蜷川の様子を知るために、俳優の木場勝己にインタビューを行いたいと考えた。木場は現代人劇場の公演をすべて観ている。蜷川の通夜の席で、そう聞いたのが頭の隅にあった。また、のちに櫻社に参加し解散を経験している。そののちブランクはあるが、蜷川演出の舞台に起用され、数々の重要な舞台を踏み、実質的には最後の演出作品となる『海辺のカフカ』(二〇一五年)の再演にも主要なナカタ役で出演している。

河出書房新社の編集担当、中山真祐子に希望を伝えたところ、早速、一六年十月刊行の『文藝別冊 蜷川幸雄』に木場へのインタビューの収録を決め、全体のセッティングをしてくださった。木場は回想する。

「僕も政治の季節に染まったタイプかな。その頃はデモにも出ていましたから〔現代人劇場の演劇や新宿の状況が〕怖いという感じはなかったですね。……とは言いながら、現代人劇場の公演では、まともに政治と闘争をテーマにしていた芝居より、〔現代人劇場の稽古場で上演した〕アトリエ公演の『明日そこに花を挿そうよ』(70年)の方が僕は断然面白かった(笑)。正直言うと、『真情あふるる軽薄さ』(69年)で舞台に(俳優が演じた)機動隊が出てきたりすると、僕は引いてしまって。「それってありなの？　なんか鬱陶しいな」ってちょっと生意気な感想を持っちゃったのを覚えています」(「東京の匂いのする人だった」『文藝別冊　蜷川幸雄』二〇一六年　河出書房新社)

岡田英次との食い違いもあって、一九七一年十一月には現代人劇場を解散。七二年の二月には、櫻社を結成している。

さかのぼるが蜷川は一九六六年には三十一歳で女優の真山知子と結婚。七二年の十月には長女実花、七八年には次女麻実が生まれている。

櫻社は清水『ぼくらが非情の大河をくだる時』、唐十郎『盲導犬』(七三年)、清水『泣かないのか？泣かないのか一九七三年のために？』(七三年)の三作品が公演されたあと、唐突に解散する。

蜷川はこの時期をみずからの青春時代の終わりと位置づけている。その象徴となる「事件」として、二つのエピソードを晩年まで繰り返し、書き、語っている。ひとつは以下の「千のナイフ事件」。もうひとつは、七章で語る「参宮橋事件」である。この二つのエピソードをエッセイ、パンフレットの原稿、対談など多岐にわたって、変奏している。

先の『千のナイフ、千の目』は、本人の執筆であり、聞き手や対談相手の意向が入りにくい文章と思われる。

「ぼくは櫻社の末期に会った青年のことを思い出した。あれは一九七二年の秋だったろうか。暇つぶしに入った新宿の映画館で、ぼくはひとりの青年に声をかけられた。なんの映画だったか題名は忘れてしまったが、席に座るとすぐに映画は終わってしまい、ぼくは煙草を喫いにロビーに出た。壁によりかかってぼんやりしていたぼくに、彼は声をかけてきたのだった。

「蜷川さんですね、どうしても聞きたいことがあるので、外へ出てくれませんか」

「俺、入ったばかりでまだ映画みていないんだよ」

とぼくはいった。

「すいませんけど、どうしても聞きたいことがあるんです」

とその青年はしつこくいった。

ぼくはその青年の、なにか思いつめたような表情に、結局断りきれずに一緒に映画館を出た。

ぼくらは、映画館の近くの地下にある薄暗い喫茶店に入った。ぼくらは向かいあっていた。ウェイトレスがコーヒーを運んできたが、青年は口をきかなかった。

「話ってなに?」

とぼくは聞いた。

その瞬間、ぼくは脇腹になにかをあてられた。彼は前かがみになってぼくの顔を見ていた。その不自然な姿勢から、ぼくはテーブルの下にのびている腕を想像するしかなかった。彼は青ざめた顔をしてこういった。

「蜷川さん、あなたはいま、希望を語れますか。答えてください」

ぼくは黙っていた。

「蜷川さん、あなたは希望を語ることができますか?」

青年は再びいった。

「俺には語るべき希望なんてひとつもないし、俺は希望なんて語らないよ」

とぼくはいった。

「そうですか」

そういうと、青年は身を起こした。ぼくの脇腹は急に軽くなった。青年はテーブルの下にかくしていた手を出した。その手にはジャックナイフが握られていた。

「ぼくはいつもあなたの芝居をみていました。あなたがいま、希望を語ったら、ぼくはあなたを刺すつもりでした。よかった——」

そう彼はいうと、喫茶店を出ていった。

客席に千人の青年がいるとしたら、彼らは千のナイフを持っているのだ。俺は千のナイフを持つ舞台をつくらなければならない、とぼくは考えていた。それが俺の役割なのだ」（『千のナイフ、千の目』）

新宿の喫茶店で蜷川にナイフをつきつけた人間を、政治テロにかぶれた青年であると表面的に受け取るのは誤りに思えてくる。もとよりこのエピソードは、青年のテロリズムを語ることが主題ではない。舞台は作る側が金銭と引き替えに観客にエンターテインメントを提供すればそれで事足りるものではないと語っているように思われる。舞台と客席は、なれ合うことなく、いつも絶望と希望の間で揺れているはずであった。

章替えどころか一行のあきもなく、改行とともにこの挿話に続くのは、以下の文章である。

「翌日、撮影を終えて、ホテルでひっくりかえって『ロミオとジュリエット』の文庫本を読んでいるぼくのところに、また中根プロデューサーから電話があった。彼はいった。

「今、京都駅にいるんですけど、会ってくれませんか？」

撮影所の正門の通りには、食堂や喫茶店が並んでいた。東京の俳優たちが入る喫茶店があり、京都の俳優が入る喫茶店があった。東京の俳優がたむろする喫茶店に、京都の俳優たちは足をふみいれなかった。京都の俳優たちのたむろする喫茶店に、東京の俳優は足をふみいれなかった。ぼくは、できたばかりのスナックで中根プロデューサーと会った。ぼくらは初対面だった。中根プロデューサーは強引で、なかなか優秀だった。彼は新劇の製作者たちとちがっていた。商業演劇のプロデューサーのほうがはるかに優秀だな、というのがその時の印象だった。結局、ぼくは『ロミオとジュリエット』の演出をひきうけることにした。真山は絶対やるべきだといった。未知の世界に出かけることによって、新鮮な体験をしてみよう、異質な人たちと出会うことによって新しく生れ変われるかもしれない、とぼくは自分自身に期待した。そしてまた、櫻社に帰ろう、と思っていた。新鮮な出会いが生れるはずだった」(前掲書)

敗走する政治的な人間たちに、これまで情念的な伴走者としてありつづけた演出家に、「市川染五郎(現・九代目松本幸四郎)、中野良子主演の『ロミオとジュリエット』を日生劇場で演出せよ」と中根プロデューサーが迫る。この挿話を、ナイフをつきつけてきた青年の話に続けて語る蜷川に胸を突かれる。

あえていえば、俳優たちがいる喫茶店に足をふみいれなかったのはなぜか。できたばかりのスナックに行ったのはなぜか。東京の、また京都の俳優にも聞かれたくはない話だったのだろう。

蜷川は折に触れて、この青年とのエピソードを観客と自分との関係について語るときに引用している。それは、千のナイフ、千の目に値しない舞台を作ってはいないか、自己点検の意味をこめて繰り返したのだろうと思う。

『千のナイフ、千の目』が紀伊國屋書店出版部から単行本として上梓されてから二十年が過ぎた。その後、ちくま文庫に収められた同書の「文庫版あとがき」に蜷川は、短い文章を寄せている。

ぼくは七十七歳になった今でも、一九七〇年代のはじめに出会った、ぼくの脇腹にジャックナイフをつきつけて「蜷川さん、あなたは今、希望を語りますか」といってぼくを見つめた青年の強い目ざしに呪縛されているような気がする。

客席に、ジャックナイフを持った青年がじっとぼくの舞台を見つめているように思えるのだ。

文章を書くことを、その才能のなさから自分に禁じていたのだが、恥の上塗りのようにみなさんの心優しい後押しで文庫化された本が出版されることになった。

ほんとうに恥しい。

あまり読まれないといいなと思いながら、大勢の人に読んでいただきたいなとも思ったり、心は千々に乱れています。

皆さん、とにかくいろいろとありがとうございました。

二〇一二年十一月

蜷川幸雄

この短い文章のなかに「恥」という言葉が二度出てくる。私はこの「恥」に七十七歳まで、蜷川を縛ってきた規範を読み取る。蜷川は「恥」を重く見て、「恥しくない」生き方を自分に常に課してきた人だった。

清水の『ぼくらが非情の大河をくだる時』(一九七二年)で出発した櫻社の第二回公演は、先に蜷川が俳優を辞める理由のひとつにあげた唐十郎の新作『盲導犬』だった。この『盲導犬』で、代役とはいえ重要な「先生」役に抜擢された木場勝己(当時、西村克己)は、以下のように回想している。

「『ぼくらが…』のときはセリフはありません。権田原の公衆便所に集まるホモ役の一人でした。(中略)メインの俳優は3人、石橋蓮司さんと蟹江敬三さんと本田龍彦さんだったんですが、当時、本田さんが人身御供のように一人だけ、厳しく絞られていましたね。僕からすると上の人なので、「こんなに叩かれてかわいそうだな」と見ていました」(『文藝別冊　蜷川幸雄』)

蜷川はのちに灰皿を投げる演出家としてのレッテルをマスコミに貼られ、また、それをトレードマークとして利用した。けれど、アングラ演劇時代の演出家、鈴木忠志、唐十郎もまた厳しい稽古で知られていた。「僕は怒鳴るような演出家とはそんなに仕事をしていませんが、それでも蜷川さんが稽古場で怒鳴ったりすることを、すごいとか、厳しい、ひどいとは思わなかったな」(前掲書)

気になるのは、俳優の演技である。櫻社も、新劇の劇団出身の俳優が中心だっただけに、どのような傾向の演技だったのだろうか。

「演技術についていうと、のちに蜷川さんの作品の舞台に参加するようになっても、演出の言辞は、スタニスラフスキーとそんなに変わらないと思いました。ただ、音楽はロックを選んで、俳優が叫んだりしたので、いわゆる新劇とは多少違いましたけれど。清水さんの二本、『非情…』と『泣かないのか？　泣かないのか一九七三年のために？』と、そのあいだに唐さんの『盲導犬』がありましたから、面白くやっていました」（木場のインタビュー未発表部分による）

スタニスラフスキーの『俳優修業』は、新劇の俳優たちには重くみられた演技理論だった。木場は一九四九年生まれだから、蜷川とは十四歳の隔たりがある。

『盲導犬』の稽古を写真家の加納典明が撮影した写真が残っている。若い「西村克己」は、画面の中央でパイプ椅子に座る婦人警官役の桃井かおりのかたわらに、ブレザーにレジメンタル柄のネクタイ、ショートコートを羽織って、口ひげを生やしている。年齢的には若いとはいえ、落ち着きのある雰囲気を漂わせている。

櫻社が結成された一九七二年の二月には、あさま山荘事件が起きている。内ゲバによってお互いが殺人を繰り返した内情があきらかになり、次第に反体制運動も市民の支持を失っていく。

蜷川は、「『ぼくらが非情の大河をくだる時』になると、僕たちとお客さんとの感覚が、ずれていった。お客はいっぱい詰めかけて笑っているんだけども、それまでとは劇場の熱気が全然違うものになっていった。その頃、つかこうへいたちの世代が出てきたり、『ぴあ』がやがて創刊されたりするわけです。時代が明らかに変わっていく。あの熱かった観客がいなくなった。ほとんど消えていった。僕と清水は、客席の一番後ろの壁沿いに突っ立って芝居を観ていました。俺たちの芝居がもう現実とずれていると、甘んじて受けとめなければならなかった」(『演出術』)と語っている。

この言葉を木場にぶつけるとうなずいた。

「そう思います。あの時代、運動そのものが落ちていって殺し合いにまで発展したものだから、ハッピーに語る状況がなくなってしまった。『ぼくらが非情の大河をくだる時』も、『泣かないのか？泣かないのか1973年のために？』(73年)も裏側には政治というテーマがありますが、この頃から清水邦夫さんの戯曲には自虐的な世界が現れていました。それが時代の落ち方と、逆にフィットしていたのかもしれません」

「その無力感を逆手に、逆ねじ切って強がっているようなところが櫻社にはありましたね。(中略)『盲導犬』自体、僕はあの頃、自虐のショーだと思ったんですよ。(石橋蓮司さんが演じた)「影破里夫」は言ってみれば湧いてきたような男です。当時内ゲバで殺されたやつが、生き返って出てきたらもう一度殺され、そして幕切れには「ダッタンを越え、ペルシャを越え、ナイルを遡る」なんて言いながら、ムニュッと復活してきたように感じていました。櫻社の客席には挫折した運動家が山のようにいて、そんな「影破里夫」に声援をおくってくれていたんです。唐さんは政治運動にどっぷり漬かっていたわけじゃなかったから、『盲導犬』は櫻社にサービスしている台本だなぁと思ったのが、僕の当時の印象でした」(『文藝別冊　蜷川幸雄』)

二〇一六年から当時を振り返っているとはいえ、木場は『盲導犬』の再演(二〇一三年)にも初演と同じ「先生」役で出演して、ふたたび蜷川演出を受けているだけに説得力がある。

「一番端的だったのは、清水さんの台本だと思います。かつてやった『想い出の日本一萬年』(70年)とか『真情』のセリフをちりばめて入れ込むようになっていって、「あ、これで終わりにするの?」と思いました。もうひとつは俳優自身の問題です。その都度集まるけれど、公演ごとに成長していって、ステップを上がっていく、演技の厚みが増していくという感じではなかったんです。「これではやめてもしょうがないかなぁ」とね」(前掲書)

櫻社の中心にいて戯曲の言葉を紡ぎ出す清水邦夫に行き詰まりがあり、また、俳優自身も演技の厚みが増していく実感が得られない。

若年の木場から見ても、櫻社という集団の最後は煮詰まっていた。

七　櫻社解散と参宮橋事件

『泣かないのか？　泣かないのか一九七三年のために？』――一九七四年夏

アートシアター新宿文化での最後の公演『泣かないのか？　泣かないのか一九七三年のために？』（一九七三年十月）は、第四次中東戦争が起きた月に上演された。オイルショックが起きる。翌月にはトイレットペーパーや洗剤の買いだめがなだれを打ってはじまり、店頭から日用品が姿を消した。時代は逼塞状況にあったのである。

現代人劇場以来、櫻社が拠点としてきた新宿文化の経営母体、三和興行が不振に陥っていた。支配人の葛井は、新宿文化の先行きに不安をいだいていた。

「清水さん自身が、街の状況が変わってきて、若者の思考形態も変わってきたから、新宿である種の過激な演劇をやるのはこれが最後じゃないかっていう思いを持っていたようです。内容も、それまでやったものの名場面集みたいだったんです。かつて敵対していた教師と学生が、銭湯でふらっと会う。お互いに年月が経ってるから、それがかつて自分を裏切った教師であるとか、あるいは学生だっていうことは気付かない。どんどん話してる間に、連合赤軍の残像みたいな女装の連中が入ってきて、それで大騒乱になる。それで最後には2人が死んじゃうんです。すると本当に水が出てくるんです。それから広い浴槽が割れて、茶色の水が流れ出してしまう。するとそれが船になり、暗闇のなかを進んでいくんです。それはあたかも、「さまよえるオランダ人」みたいな感じなんです。彼らがやってきた作品の名場面をくり返しながら、もうこれが最後だというようなイメージで、しかも最後に「光陰讃」という歌を大合唱すると、船が行ってしまうんです。観客も、その大合唱になるとうわーっとなっちゃうんです。私は赤いぼろぼろの旗がすごく印象的で、ずっと胸に応えていました。14日間やったんですけど、入りきらなくて、1回だけ追加公演をやりました。それ以上はできないのでやめましたが、蜷川・清水コンビがそれで最後だってことは一切言いませんでした。風呂場が解体して、水浸しになって、大道具がどんどん排出《(ママ)》されてしまう。それでみな、俳優たちが涙ぐんでるんです。私はただもう感無量でした。アートシアター新宿文化の将来も、おそらく近いうちに終わっていくんじゃないかっていう感情があって、本当にこれは一番強いインパクトを受けた作品です。今でもそれが残っていますよ。夜、私は一晩中劇場にいて、こわされた舞台を眺めつづけていました。涙がこみあげてきたのを今でも覚えています」(葛井欣士郎『遺言』)

一九七五年生まれの聞き手、平沢剛の熱意が伝わってくる。その熱さが葛井に当時の状況を甦らせているのがわかる。支配人という特別な立場、そして観察者としての葛井の資質があっての記録である。

そんな絶望的な状況のなかで、蜷川が先のナイフの青年の挿話と同様、生涯、形を変えて語り、書き、繰り返す「事件」が起こる。これも蜷川自身による文章をまず引用する。

東宝のプロデューサー中根公夫に依頼された『ロミオとジュリエット』の演出を蜷川が引き受けたことは、櫻社の劇団員の知るところになっていた。七四年八月のことである。

「ぼくが商業演劇の演出をすると決定したことは、櫻社にかかわる若者たちに強烈なショックを与えた。不満が噴出した。ぼくの商業演劇の演出をめぐって話し合いをしよう、ということになった。ある日、ぼくらは集まった。

場所は参宮橋の小さなスナックだった。櫻社の誰かが知っている店だった。その夜、店は臨時休業だった。清水邦夫、蟹江敬三、石橋蓮司、緑魔子、ぼく。それにいままで櫻社の公演に関わったスタッフや俳優が集っていた。三十人位いたのだろうか。

話し合いは夜明けまで続いた。ある者はノートに書きつけた文章を見ながら喋り、ある者は緊張に青ざめながら話をした。結論が出た。「櫻社」は解散することになった。ぼくは、商業演劇の演出をすることに固執し、彼らの多くは否定した。

スナックを出ると、もう夜が明けていた。うすら寒いような、そしてやけに白っぽい朝だった。ぼくはひとり甲州街道の方へ歩いていった。道はかすかに傾斜していた。舗道の隅に蟹江が立っていた。蟹江は、

「きんちゃん、これからどうするの？」

といった。

「しようがねえから商業演劇をやるよ」

とぼくはいった。

寒々とした夜明けだった。ぼくはそこで蟹江と別れた」(『千のナイフ、千の目』)

演劇評論家の扇田昭彦は、商業演劇の仕事を受けるかどうか、その相談を蜷川から受けて、賛成したとのちに語っている。

扇田はアングラ世代の演劇人を中心にロングインタビューを試みた『現代演劇は語る　劇的ルネッサンス』(一九八三年　リブロポート)のなかでも、蜷川にこの事件のことを再び訊ねている。

このなかで「俺が商業演劇をやるっていうことになって、会合をもったんだけど、「櫻社」を実質的に担っていない者も参加するという、とにかく大勢集まった会合だったな。俺わかんないんだけどさ、俺の知らない所でね、きっと会合があったんだろうな」と劇団員たちへの疑問を口にしている。

二〇〇二年の『演出術』でも、この事件へのこだわりは繰り返された。
「参宮橋のスナックの集まりは、商業演劇を演出しようとする僕を、一〇〇対一ぐらいの感じで、糾弾する大会になったわけです。「え、おまえが言うのか、このやろう」と言いたくなることがたくさんあったわけです。そこでどういう言葉が飛び交ったかは言えません。やっぱりね。そこまで語ったら終わりです」(『演出術』)

蜷川の口調は静かだった。かえって怒りが伝わってきたのを覚えている。

「直接制民主主義で動く集団を作りたかったんです。関わった人間は、「櫻社って名乗っていいよ」としていたのは、つまり「ものを作るときには、階級制はなくて、対等で作ればいい」という意味だったんだけど、実際にはもっと拡大解釈されていたんですね。一本の芝居に舞台監督で来ただけの人間が、僕が商業演劇を演出すると言ったときに、蓮司や蟹江たちと同じような偉そうな口を利いたりするんですね。それは絶望するに値する体験でした」(『演出術』)

この「絶望」という言葉は、聞き手である私の心に今でも残っている。この絶望がのちに演出家蜷川幸雄を作った。それは直接制民主主義を否定する姿勢ともいっていいだろう。

蜷川のこの事件に対する言葉は、時間がたつとともに静まるどころか、自分を鼓舞するために激しくなっているように思えた。参宮橋の会合の雰囲気を知りたくて、木場に訊ねた。

「この時のことは櫻社のメンバーが蜷川さんを「裏切り者」として糾弾したという路線で語られている話だと思うんですけど、僕の印象は少し違っています。あれは参宮橋のスナックだったか、蜷川さんを糾弾した討論会の現場に僕もいました。20代半ばの小僧でしたからほとんど発言はせず、見て聞いていただけなんですが、「裏切り者」と言えるほど僕たち立派かな？　と内心思っていました。ただ、「せっかく始めた集団で、まだ三本しか公演してないのに終わっちゃうのはちょっと困るな」と思って。「(商業演劇に)行くなら僕らも連れていけば？　なんで連れてかないの、いらないということなの？　僕らはなんだったの？」というのが一番正直な感想でしたね」(『文藝別冊　蜷川幸雄』)

劇団員の若手にとっては青天《せいてん》の霹靂《へきれき》だったのだろう。

「その場は怒号が飛び交う感じだったのですか」と聞くと、木場は続けてこう語った。

「いや、そんなことはありませんでした。長い間沈黙で、ちょこちょこっと議論が出る。先陣切って喋るのは俳優ではなくてスタッフが多かった気がします。

僕は学生運動のど真ん中の時代、明治大学の二部に通っていたんですね。二部は年寄りも授業に来ますからちょっと特殊で、40歳くらいでデモに出る人もいたんですよ。だから大学へ行くと黒ヘルから赤ヘル、それこそ民青までいて、その中で喧々諤々やってました。そこでは個人としていられたんです。その意味で、参宮橋での討論会にしても、先陣切って喋る方の言葉は、より強い方がその場のイニシアチブを取って行くんですね。もし本人が個人として蜷川さんと対峙していたら、もう少し言いよどみ、口ごもるはずなのですが。ただ、僕も小僧だったから、どっち側にいたかというと、蜷川さんじゃない側の席にいたような気がします」(前掲書)

私には、蜷川がこの討論会に先立って、石橋蓮司、蟹江敬三らを含む事前の合議があったのかをひどく気にしているように思えた。木場は中断を挟んで、一九九四年の『オセロー』以来、二十年以上、蜷川と仕事をともにしている。

「蜷川さんは僕に一回も聞いてきませんでした」

この疑惑は、演出家に生涯取り憑いて離れなかった。

八　市川染五郎のロミオは疾走する

『ロミオとジュリエット』――一九七四年春

東宝による『ロミオとジュリエット』から、ようやく私自身が蜷川の舞台を観た時代に入る。私は東京の出身だったから、唐十郎の『腰巻おぼろ　妖鯨篇』を上野の水上音楽堂に観に行ったりしていた。在籍していた早稲田中学・高校のとなりにあった喫茶店、モンシェリの二階には鈴木忠志が率いる早稲田小劇場があった。中学・高校の体育館の二階からは、塀越しに早稲田小劇場の裏手が見えた。役者が洗濯物を干しているのをぼんやり私は見ていた。

高校生になってからは、古文を教えていた和角仁先生に、つかこうへいが文学座アトリエで上演した『熱海殺人事件』に誘われた。同級生たちと観て、新たな才能の出現に衝撃を受けたのを覚えている。早熟な演劇好きだったのだろう。

アングラ演劇はむしろ私にとっては身近にあった。かえって、新劇や商業演劇の方が敷居が高かった。蜷川幸雄が日生劇場で『ロミオとジュリエット』を演出すると聞いて、おそらくは白水社が刊行していた雑誌「新劇」で情報を得たのだろうが、和角先生に「連れて行ってください」と教員室に押しかけていったのを覚えている。

和角先生には『市川染五郎』(一九六四年　木耳社)の著書があるから、『ロミオとジュリエット』でロミオを演じた六代目市川染五郎(現・九代目松本幸四郎)は、旧知の仲だったのだろう。もちろん一等席は高校生の手が届くような値段ではなかったから、最上階の天井桟敷である。インターネットはもとより、チケットぴあなどこの世に存在しなかった。先生の指示を受けて、学校帰りに日比谷の日生劇場まで前売りの切符を求めに行った。

まず、私にとっては日生劇場の建築そのものが驚きだった。建築家村野藤吾の代表作である。劇場はデコラティブで幻想的な内装である。

舞台美術家朝倉摂による三重の階層を持った回廊のような装置も衝撃的だった。なにより、ロミオの染五郎とジュリエットの中野良子が、広い舞台を駆け回り、階層をよじのぼり、疾走していたのが印象的だった。

俳優の速度ばかりが今も思い出されるが、なにしろ高校三年生のことである。シェイクスピアの上演史など知るよしもなかった。過去の舞台と比較はできなかったが、きわめて斬新で意欲的であるのは高校生にもよくわかった。

演出風景　© ニナガワカンパニー

和角先生は、歌舞伎が専門で当時は、雑誌「演劇界」の常連執筆者だった。けれども、私に対して解説めいたことは語らなかった。自由に観ればいいとお考えだったのだろう。

蜷川にとって、商業演劇をはじめて演出した作品であり、後々までも取材者によっては、インタビューでは欠かせない話題だった。『演出術』で私も当時の状況を詳しく聞いている。

なかでも印象的だったのは、染五郎との関係である。俳優時代、村上元三作のテレビドラマで共演したことがあった。染五郎はもちろん主役。蜷川は旗本の次男坊役で、とっくみあいをやったりする旗本グループの抗争の物語だったという。データベースを調べてみると、一九五六年の十二月四日から二十五日まで、連続四回放映されたNHKのドラマ『江戸の小鼠たち』が見つかった。この番組は蜷川にとってテレビ初出演である。『ロミオとジュリエット』は、演出家と俳優として二十年振りの再会だった。

「そんなこと〔『江戸の小鼠たち』での共演〕もあって、染五郎さんたちの歌舞伎の木の芽会を観たりしていましたから、全く没交渉ではなかったんですが、「ダメ出しもしにくいしなあ」とか、いろいろ考えましたけどね」(『演出術』)

木の芽会とは、染五郎と萬之助(現・二代目中村吉右衛門)の兄弟を中心に、一九六〇年から、七五年まで十二回の自主公演を行った勉強会である。

「商業演劇に行ったとき、自分のダメ出しをどう成り立たせるかが、大事な条件のような気がしたんです。たとえば蓮司や蟹江だったら気安くものを言える。共通の土俵がある。けれども、演出家として自分が言い淀まざるをえないような俳優と仕事をしない限り、アジテーターとしての僕自身が成熟できないと思った。どうやってその言いにくい俳優に、にこにこしながら何かを通し、あるいは違う言葉を持ってその人に迫っていけるのか。そのことをやらない限り、僕は蓮司たちとは違った新しい視点を持てないだろうと。

スターといわれる人に、「おいっ、何とかぁ」ってそれは言えないですよ。正直いって。それでも、自分の意志を押し通すためには、一体どうするのか。一歩間違えりゃ、作品がめちゃめちゃになる。だってね、向こうの方が大スターなんだから。

新宿文化で『泣かないのか? 泣かないのか一九七三年のために?』を演出してから、半年も経っていなかったですけれども「いいか、やってみるか」と思った。環境が変われば、今までやってきた俳優とも、お互いに先を読みすぎる関係から、全部説明しなくてはいけない関係になる。俳優をオルガナイズするときの言葉を、「もっと違うものに変えられるかな」と思ったのが商業演劇に行った大きな理由です」(『演出術』)

なぜ蜷川が商業演劇を演出することが「参宮橋事件」のような糾弾の対象になり、また、『ロミオとジュリエット』の初演出から四半世紀が過ぎた時点で行われたインタビューでも自己弁明をしなければならないのか。一九六〇年以降に生まれた多くの読者には理解できないだろうと思う。

現在ではたとえば、劇場としての規模が違う新橋演舞場、シアターコクーン、ザ・スズナリのすべてに何年かのうちに出演する俳優はめずらしいものではなくなった。客席数で千を超える商業演劇、五百から七百程度の中劇場のプロデュース公演、百から二百程度の小劇場公演の境界は崩れ去っている。

けれども、七十年代なかばまでは、東宝、松竹による商業演劇、新劇の集団による公演、テントやきわめて小規模な劇場での公演が、厳然と分かれており、それぞれのジャンルに俳優、演出家がいて、劇場を横断するのは一握りの演劇人に限られていた。

しかも、退潮したとはいえ、政治の季節がさめやらぬ時代である。それまで攻撃していた資本家、商業主義と深く結びついている商業演劇の舞台を、これまで挫折した運動家と伴走する清水邦夫作品と一体と思われていた蜷川が演出するのは想像以上に衝撃的な出来事だった。

逆に言えば、蜷川による横断が行われたことで、スターの専横がまかりとおり、演劇の作品性が置き去りにされかねない商業演劇の舞台に新しい風が吹き込まれた。

また、今も歌舞伎では芯になる役者が演出や脇を固める役者のキャスティングの権限を持つ。西欧では二十世紀は演出家の時代であり、古典に、個性的な演出家がいかに新しい解釈をほどこすか。その興味で舞台を観に行く観客が育っていた。蜷川は、この『ロミオとジュリエット』をきっかけに、演出家とプロデューサーが舞台の主導権を握る演劇を、商業資本のもとで成立させようとしたのである。

ただ、現実の稽古場で、演出家は表向き「先生」と立てられようとも、演出家と主役との関係は微妙である。権力の奪取は、それほど容易ではない。蜷川が自ら告白しているように、三十八歳の東宝初演出の演出家が、蜷川より七歳年下とはいえ、歌舞伎の名門、八代目松本幸四郎の長男として生まれ、三歳で初舞台を踏んだ御曹司の六代目市川染五郎を「おいっ、何とかぁ」と怒鳴りつけるような稽古は許されなかった。いや、許されないというより、ありえなかった。そのかわりに標的になったのは、商業演劇の公演のなかで、サラリーマン化していた中堅俳優たちであった。蜷川は当初より乱暴な態度で稽古場に臨んだ。

「怒鳴りちらしているし、物はぶつけますしね。(中略)ものすごかったと思います。「サングラス取れ、ルネサンスにサングラスなんてあるか。スリッパ脱げ！　何でほうきでフェンシングなんだ！」

ですからね。今でも僕は、稽古場でスリッパを履くのは嫌いです。「そんな芝居やっているから、商業演劇は新劇になめられるんだよ」「商業演劇はその程度でギャラくれるのか」と、なにしろ怒りまくっていた。自分はアンダーグラウンドの演出家だと思っていましたからね。後になって考えれば、商業演劇の俳優たちにとっては、アンダーグラウンドも新劇もないわけですけど、僕はそう思い込んでいるから、商業演劇批判をものすごくやるわけです。

ベローナの大公をやった須賀不二男なんて、舞台稽古ですら本息で声を出さないわけです。町の喧嘩が終わって出てきて一発目の「ええい、ふらちな」を囁くようにやる。僕は客席からどなるわけです。すると、「大きな声を出したら声がつぶれちゃうよ、それでもいいのかよ」というような口のき方を、装置のてっぺんに立ってするわけです。客席にある演出席で、「かまわないから出せー、そうじゃないとほかの音が決められないだろー、音響の音は何で決めるんだ」とどなるわけです。「じゃ出すよ」「出すのが当たり前だろー」。案の定、声がつぶれちゃって、本番ではマイクを使ったんです」(『演出術』)

インタビューの時点では、「どっちが正しいのかなと思いましたね」と笑っていたが、蜷川にとっては魑魅魍魎《ちみもうりょう》が棲む世界に単身乗り込むような覚悟だったろう。しかも、櫻社に戻る退路は断たれていた。中根プロデューサーはじめ若い演出部は、蜷川の姿勢を支持した。俳優中心の商業演劇を、スタッフ主導に作り変えるためには、蜷川の名前を大きくすることが必要だった。

もっとも、怒鳴ったのは俳優に対してばかりではない。稽古初日から音を入れてくれといっているのに、何の準備もしてこない音響スタッフにも怒鳴った。蜷川は稽古場の権力を掌握するために怒りという表現手段を使った。

前出の木場は、「初めて挑んだ東宝の『ロミオとジュリエット』の稽古場で灰皿を投げたことは、あの参宮橋のことが有効に働いているのかなとは思っています。商業演劇と言われている現場に「お前ら、ふざけんじゃねえよ」って脅しをかけた。その結果、向こうがちょっとぶるって締まった功績はあると思います」（『文藝別冊　蜷川幸雄』）と当時を振り返っている。この推測が正しいかどうかは正直いってわからないが、退路を断った蜷川が全力で稽古場に臨んだ姿は、さまざまなかたちで活写されている。

稽古場のなかの関係ばかりではない。この『ロミオとジュリエット』の演出をすることが決まって、日生劇場の間口が広く、高さのある舞台空間をまえにしたとき、たじろぐことはなかったのだろうか。

「大きな空間で初めて演出する怖れが、全くなかったといえば嘘になりますね。でも、演出するときの恐怖心は、小劇場のときからありました。舞台と同じ、原寸の広さのある稽古場でないとだめなんです。現代人劇場でやったはじめての『真情あふるる軽薄さ』だって、稽古をしていて途中で不安になるから、アートシアター新宿文化まで行って、映画が始まる前に階段を組んで、葛井欣士郎さんに叱られた。大げんかしたんですよ」（『演出術』）

新宿文化の映画上映は、十三時からと決まっていたから、おそらく午前中に装置を組んで試そうとしたのだろう。原寸へのこだわりは、晩年まで変わらなかった。蜷川にとって、舞台のサイズと同じ原寸の稽古場を確保することは、絶対必要条件だった。大劇場だから怖いのではなく、小劇場の時代から怖かった。現場に近い条件を常に望み続けた。

「どうやってプロセニアムを超えて劇の中身を伝えるかを、僕は唐十郎さんの芝居と土方巽さんの舞踏から学んだと思います。ビジュアルな表現と色彩感覚についてはっきり意識したのは、その二人からで、小劇場の新宿文化でやっているときも、僕は原色を使ったりしていました。光については、教会の採光から学んだんですけどね」(『演出術』)

大劇場にも小劇場にも、ほとんどの劇場には額縁舞台といわれるプロセニアムアーチがある。この壁を乗り越えて、舞台から観客席にいかに劇の中身を届けるかが、蜷川にとって大きな課題になっていた。まして日生劇場の最上階後方から観る舞台は、驚くほど小さく遠い。そこで蜷川はブリューゲルの絵画をヒントに色彩を氾濫させようと企てた。

三重の階層を持つ回廊が取り囲む主舞台、第一幕では広場の設定だが、ブリューゲルの絵画『農民の踊り』を参照した人物たちがダイナミックに動く幕開きだった。

「広場を民衆たちでいっぱいにしておいて、喧嘩になると上品で地位のある貴族は上に行く。舞台では、金持ちになるに従って、てっぺんまで行く。ロミオもジュリエットも金持ちの息子と娘ですから、最下層の人間たちにとっては憧れの対象なわけです。『ロミオとジュリエット』のなかで最も地位の高いベローナの大公は、常に三層ある装置の最上段から言葉を民衆に投げかける。ヨーロッパの階級構造を明瞭に見せたかったんです。

僕の舞台に階段が多いのは、底辺から上昇していく過程を見せたいといつも思っているからです」

（『演出術』）

現代人劇場で三本目に演出した『想い出の日本一萬年』は、当時のフィルムが近年発見された。二〇一六年に早稲田の演劇博物館で行われた『あゝ新宿』展で、部分的ながら観ることができた。小山のような装置にいくつもの穴がうがたれている。卒塔婆が散乱している。蜷川はこの高さが必要だと、その装置を組んだのだが、劇場の高さが足りない。装置のてっぺんに立つと、観客席から顔が見えないと蜷川が回想しているのを思い出した。

アートシアター新宿文化には、天井高の限界があったが、日生にはない。蜷川は階級構造を明瞭に見せるための高さを手に入れ、限界はあるにしても、自由に装置を組み上げる予算を手にしたのだった。

また、教会から学んだ光とは、上方から降り注ぐ光だった。高さのあるバトンにふんだんな照明機材を吊り、光が交錯する空間を造形する。のちに三代目市川猿之助(現・二代目市川猿翁)とスーパー歌舞伎を手がける装置の朝倉摂と、照明は劇団四季出身の吉井澄雄がスタッフに加わっていた。

舞台の全体から伝わってくるのは、ロミオやジュリエットの父母をはじめとした貴族たちの頽廃であり、民衆の活力であった。蜷川はここで「作品を自分の出自に戻したい」と願った。

「僕の父親は洋服の仕立て職人でした。父親や母親たちがどんなに一生懸命に生きたって、たかが知れた人生でしかない。しょんぼりした後ろ姿で父親が座っていたりするのを、息子として見ていました」

本書の冒頭に引用した父親の背中を思い出していただきたい。

蜷川は父親の仕事ぶりから、職人気質を学んだ。父や母の生き方から、黙って生きている人間の価値を忘れまいと思った。この思想は、生涯かわらず貫かれた。ただ、それは民衆を一方的に賛美するような思想ではなかった。ときには鳥の視線になって民衆を大きく俯瞰し、ときには虫となって地を這うように寄り添う。民衆の価値を尊ぶとともに、そのいやらしさ、下品さからも目をそらさない。

私が初めて見た蜷川幸雄演出の舞台『ロミオとジュリエット』には、その鳥と虫の視点がともにそなわっていた。

九

唐十郎への恩義。三島由紀夫への反発

『唐版 滝の白糸』――一九七五年冬

商業演劇に行ったことで、かつての仲間とは縁が遠くなっていった。

『ロミオとジュリエット』の陰に隠れているが、一九七五年に沢田研二、李礼仙(現・麗仙)が主演した『唐版 滝の白糸』が忘れられない。大映の東京撮影所大スタジオで千二百人収容のスペクタクルを、私は開成中学・高校に進学した幼なじみのS君とふたりで観に行った。

李礼仙が流しで自ら手を切る。そのおびただしい血がまるで水芸のように沢田研二の白いスーツを染める。そしてラストは巨大なクレーンに乗って二人は夜空へと去っていった。唐十郎の言葉の繊細さを観客が感じ取れる場所ではなかったが、大スタジオの広大な空間でスペクタクルを仕掛ける蜷川の腕力に圧倒されたのを覚えている。

この舞台は、アートシアター新宿文化から離れた葛井欣士郎の企画である。蜷川は、演出家を決めるにあたって声を掛けてくれた唐十郎の温かさを決して忘れなかった。

「庭で落ち葉を掃除していたんですよ。落ち葉じゃなかったかな、とにかく、陰々滅々と庭の掃除をしていた。で、電話が鳴って出たら唐さんだった。「ちょっと話があって、頼みたいことがあるんだけど会えないかな」「わかったすぐ行く」。スクーターに乗って一〇分後ぐらいには唐さんの家に行っていたんです。それが『唐版・滝の白糸』の演出依頼だった。その日はものすごくうれしかった。本当に今、考えられないくらい、村八分がすごかったからね。

唐さんは多分、戯曲を書き上げたときに、「あっ、これ蜷川君とやろう」と思いつく。唐さんにとってはそんな子供の嗅覚で、ベーゴマを回すみたいなものなんでしょう。だから彼にとっては、党派性とかそんなこと、全く関係ないんだと思いますね。『滝の白糸』をやったことで、少し風当たりがゆるくなったかな。「唐が蜷川にやらせたんじゃあ、仕方がない」感じがちょっとあったのかもしれませんね。僕はそのこととは別に、声をかけてくれた唐十郎にものすごく感謝し、うれしかったわけです。こういう人がいるんだって……」（『演出術』）

池田道彦は、当時渡辺プロダクションに勤務し、沢田研二のマネージャを務めていた。蜷川は帝国ホテルで池田と会って出演を口説いた。一度は断られたけれども、粘って粘ってついに沢田研二がこの舞台に出演する運びになった。
この公演のパンフレットに、蜷川は短い言葉を寄せている。

「闇の女王と白昼の王子が密会するとしたら、これはすでに神話だ。このキャスティングの力学は、唐十郎のファナチックな傑作と激しくぶつかり、華麗でしかも壮烈な逆転劇となるだろう。

ぼくはただ力学の計算をすればいい。

一時間二十分の上演ののち、観客は劇中のアリダのように「この芸のお代はかならず払いますよ！」と叫び、やがてはお甲のように手首の蛇口を開くにちがいない」（『Ｎｏｔｅ増補　１９６９～２００１』）

闇の女王とは、お甲を演じた李礼仙、白昼の王子とはアリダを演じた沢田研二。この当時は、トップアイドルの沢田と、アングラ演劇の雄、状況劇場のトップスターの李が同じ舞台を踏むなど、ありえない話だったのである。

この葛井の企画は、翌七六年七月、国立劇場小劇場での『三島由紀夫　近代能楽集』へと繋がっていく。『近代能楽集』は、能に取材した三島の一幕物戯曲の総称。この公演では計八作品が発表されているが、蜷川演出の『卒塔婆小町』『弱法師』の二作品は、一日で連続上演されている。

『卒塔婆小町』は、平幹二朗と寺泉哲章、『弱法師』は岸田今日子、諏訪圭一の出演である。

「三島の戯曲は、正直いってやりたくなかったんですね。アートシアター新宿文化の支配人だった葛井欣士郎さんに、以前から三島をやってくれと頼まれていたのを断っていたんです。ところが七四年に新宿文化がなくなり、葛井さんがフリーになった。それで、僕としては、渋々引き受けたんです。「好きな作品を選んでいいよ」と依頼されたので、はじめに『卒塔婆小町』を、「もう一本」と言われて『弱法師』を選びました。

当時の僕にとっては三島の戯曲は、レトリックが華麗過ぎて、ギスギスした女の人のように見えたんですね。心情的に三島戯曲をものすごく愛しているかといえば、そうではない。文学として言葉で戯曲が完結してしまっている。ここまでデコラティブに言葉を書きつけられたら、俳優が介在する余地がないんじゃないか。あるいは俳優が関わったときに、過剰になり過ぎるんじゃないかと思っていました。それだけに、この言葉の美しさは、舞台の上で具体的に俳優の口から発語されたとき、消えて変質してしまうだろうと。それで、演出するのは嫌だったんです。

それともうひとつ、あの時代に三島を取り上げることに対して、どこかである種の後ろめたさが僕にあったんです」(『演出術』)

三島が自衛隊に蹶起を訴え、市ヶ谷駐屯地で演説の後、自決したのは、七〇年。まだ、六年しか経過しておらず、人々の記憶も風化していなかった。しかも、会場は小劇場とはいえ、自決の前年に三島と楯の会が制服姿で「閲兵式」とマスコミに揶揄された威示行動を行った国立劇場だった。

「国立、三島、閲兵式でしょう。国立劇場の界隈にある国会議事堂は、ヘルメットをかぶってデモに行っていた場所ですからね。それを意識して初演では、『弱法師』の幕切れ「僕ってね、誰からも愛されるんだよ」というところで、ワルシャワ労働歌を流したんです。そして舞台奥にある防火シャッターをガーッと下ろしながら、戦車の音をかぶせました。三島のあの世界と国立劇場を、見えない民衆が蜂起して包み込む感じにしたかったわけです。でも、今考えると『近代能楽集』に、デモを彷彿とさせるような演出をする必要は何もなくて、ただ文学作品として扱えばいい。別に『弱法師』には、彼の政治的な哲学が込められているわけでもなんでもない。文学として彼の作品は自立しているわけで、再演では、労働歌もシャッターも、戦車の音も一切いらないといって演出を変えました。「戯曲をちゃんと演出しよう。それだけをやろう」と思ったんです」(『演出術』)

また、蜷川にはめずらしく、この作品の細部にわたる長文の演出メモが活字になって残っている。雑誌「ユリイカ」一九八六年五月号に掲載された文章である。「道化と王」と題されている。台詞とともに、演出の具体的な細部が本人によって書かれためずらしい記録なので再録しておく。メモⅢとある「弱法師」の章を全文引用する。

「またしても家庭裁判所の一室、など《（ママ）》という陳腐な場面設定だ。三島由紀夫の言語にたいする自信！

俊徳は、だれが見ても心ときめかすような美少年でなければならない。しかし文学とちがって現存する演劇で、だれが見ても、ということがどれほど困難なことか。

暗闇。

かすかな音楽、チャイコフスキィ「弦楽セレナーデ」。観客にたいする予告。準備完了。

幕、ゆっくりとあがる。

暗闇にともる火。ライター。高安夫妻の顔が浮ぶ。

つづいて上手にともる火。ライター。川島夫妻の顔が浮ぶ。吐かれる煙草のけむり。

これらの暗闇にゆれる小さな火は、やがて俊徳の語る長大な科白のときに、舞台一面火炎の海と化す壮烈、華麗なシーンのささやかな布石である。

櫻間級子の声によって、扉ゆっくりとひらかれる。俊徳の登場。強烈な逆光のなかを、貴族のような純白の衣裳をつけた美少年が現われる。常にうかべている微笑み。光のなかを少年は見事に杖を使い歩む。彼は椅子に座ると、少女のように膝をつけ心もち脚を斜めにする。その両性具有者のような奇妙な存在感。

終末の光景を自分の血肉としたと信ずる少年の、生き続ける者たちへの軽蔑。盲目の者が見、目の見える者が見ないと信ずる、選ばれた者の、選ばれぬ者への冷笑。

俊徳は、この世の終りの光景を語るとき、裸身となる。鍛えられた見事な肉体。

俊徳の語る終末の光景は、あたかも性的体験ででもあるかのように、陶酔と恍惚のなかで演じられる。

ワグナーの歌劇「ローエングリン」第一幕への前奏曲低く響きはじめる。

俊徳　僕はたしかにこの世のをはりを見た。五つのとき、戦争の最後の年、僕の目を炎で灼いたその最後の炎までも見た。それ以來、いつも僕の目の前には、この世のをはりの焔が燃えさかつてゐるんです。――

レコードは、フルトヴェングラー指揮、ウィーン管弦楽団のものを使用。

落日と炎上。

やがて炎風によってひとつひとつ開かれてゆく家庭裁判所のあらゆる窓、扉。それはまるでスローー・モーションのようにゆっくりと炎のなかで開かれてゆく。

劇場中にひろがる巨大な炎。劇場のなかは熱風さえ吹いているようだ。ワグナーの音楽、高なる。

炎の音、高なる。

倒れる俊徳、駆けよる級子。俊徳はまるで胎児のように膝を抱え丸くなる。抱きかかえる級子。

級子は、「この世のをはりを見たね。ね、見ただろう、櫻間さん」という俊徳を、「いいえ、見ないわ」というたった一言で壊滅させる。このとき、男は観念を、女は現実を、あるいは非日常と日常を、ついに象徴してゆく。

俊徳の敗北。決定的な敗北。彼はまるで娼婦のように，コケットリーだけを武器とし，よりどころとする。俊徳の最後の科白。「僕ってね。だうしてだか，誰からも愛されるんだよ」。微笑して去る女。

劇場の防火シャッター，すざましい響音をたてて降りてくる。それはまるで三島由紀夫の焦燥と絶望を鉄の壁でとじこめるかのようだ。

その瞬間，ワルシャワ労働歌なりひびく。

降りつづける防火シャッター。

響きわたるワルシャワ労働歌。

その時観客は，この戯曲が三島由紀夫の理念とその生理を忠実になぞったものであったことを，国会議事堂と並列するこの劇場の位置とともに，一挙にロング・ショットでとらえるのだ」（『Ｎｏｔｅ増補　１９６９～２００１』）

注目すべき記述である。第一に，三島の「理念」とともにその「生理」を演出によって浮かび上がらせようとしていること。第二に，この国立劇場を国会議事堂が並列したショットで捉え直そうとしていること。

俊徳と櫻間級子は，戯曲では家庭裁判所にいる設定だが，国家権力の中枢が集中する地域を，引いた視線で眺めようとしているところに，蜷川演出の秘奥が読み取れる。一九六六年に建設された国立劇場は、最高裁判所の隣に位置し、国会議事堂を向かって左に望む隼町にある。

また、鮮烈な視覚的なイメージにともなって、場面にあった厳密な選曲が行われているとわかる。曲だけではなく、指揮者の指定まで行われている。蜷川の頭のなかには、イメージとともに音楽が鳴り響いているのだ。

このコンセプトや細部は、のちの藤原竜也主演による再演(二〇〇一年、二〇〇五年)に引き継がれている。いや、輝かしい美少年であり、しかも引き締まった肉体を持つ藤原によって、この演出術はようやく完成したと私は考えている。

時代も変わり、蜷川の三島に対する姿勢も変化した。二〇一一年には三島の『サド侯爵夫人』『わが友ヒットラー』を「ミシマダブル」と題して同時上演し成果をあげている。唐、三島ほどの才能が生み出した戯曲は、時代の変化をくぐりぬけ、自立した文学として生き残ったというべきなのだろう。

一〇　劇作家秋元松代最大のヒット作

『近松心中物語』――一九七九年冬

東宝時代の蜷川幸雄演出作品のうち、のちのちまで再演を繰り返し、最大のヒット作となったのが、劇作家秋元松代による『近松心中物語』だった。

蜷川は『ロミオとジュリエット』にはじまり、『リア王』『オイディプス王』『三文オペラ』『王女メディア』『ハムレット』と日生劇場や帝国劇場でコンスタントに作品を発表している。シェイクスピア、ソフォクレス、ブレヒトとさまざまではあるけれども、その多くはこれまでの商業演劇では取り上げにくいと思われてきた演目だった。客席数一千を超える大劇場を一ヶ月満員にするのは容易なことではない。個人客だけでは限界がある。大なり小なり団体客に依存しているのは今も変わらない。ここに挙げたレパートリーは、芸術的な選択ではあるけれども、団体が何を観るか選択するときの決め手に欠けていたのは事実だろう。団体の多くは女性客である。それには男性が主人公の西欧の古典ばかりではなく、日本を舞台にした新作、しかも女性客が感情移入できる舞台が求められたのも当然だった。

秋元松代は日本を代表する骨太な劇作家として知られていた。『常陸坊海尊』や『七人みさき』や『村岡伊平次伝』などの作品からは、まぎれもなく民衆の心の底からの叫び声が聞こえる。民衆にとっての神話や伝説を、民衆自身が作っていく。無名の人間が確かに生きていた証を残していく。

一方、劇作家の宮本研が演出家木村光一のために書き下ろした『櫻ふぶき日本の心中──劇外劇と劇中劇による九場』(一九七五年)が蜷川の頭にあった。「なぜ日本の民衆は心中を美化して語り継いでいくのか」。近松門左衛門の心中物を撚り合わせた上演台本を秋元に依頼してはどうか。当時、東宝演劇部の企画室長だった演劇評論家の渡辺保(邦夫)とも相談して、蜷川はプロデューサーの中根と秋元に会いにいった。

「日本の古典を演出していない自分に対して、フェアじゃないって思いが、はっきりありました。僕の演出の特徴は、高さとか奥行きをきちんと舞台の上で組み立てていく遠近法の発見だと思っていたんです。紗幕を使ったり、屋根の上に月を昇らせたりする手法は、ヨーロッパの戯曲をヨーロッパ的な手法でやってある程度評価され、自分でもできたと思っていましたけれども、日本の戯曲を同じような手法で演出して通じるのかと。まあ、率直にいえば、洋風かぶれみたいで恥ずかしかったんで

『近松心中物語』1979年　帝国劇場　写真提供　東宝演劇部

すね」(『演出術』)

蜷川幸雄は、このように自分自身の演出の手法を言葉で説明することを厭わなかった。また、初演から時間が経過すれば、当時の状況を客観的に見詰める視点を持っていた。演出家は、過去の自分さえをも対象化して、突き放す能力と覚悟を持っていた。それは、いかに演出の手法を言葉で説明しても、他のだれも模倣できまい。そんな自信のように思われた。

秋元松代から第一稿が届いたときのエピソードについては、かなり慎重に語っている。

「そのときは、チェーホフの構想を練るために、ソビエト連邦時代のモスクワにいたんです。吹雪の中、モスクワのホテルに閉じ込められて、ホテルのおじいさんのポーターたちに煙草なんかをねだられているうちに、「何だ、社会主義国家はこういうものなのか。

革命はちっとも美しい人間性を生まなかった」と失望していたわけです」（『演出術』）

年表を改めて見直しても、このチェーホフに相当する作品は見当たらない。実際には一九八四年の十一月、ベニサン・スタジオで上演された若い俳優たちとの『稽古場という名の劇場で上演される三人姉妹』を待たなければならない。おそらく企画にあがっては没になった作品も何本かはあったのだろう。

「そこへ中根が日本から、秋元さんの第一稿の一幕を持ってきた。カーテンを開けて窓越しに猛烈な吹雪を見ながら台本を読んだんですけれども、正直いって、「まいったなあ」と思いました。今まで本当のことをしゃべっていませんけど、「薄っぺらい戯曲だなあ、演出できないなあ」と思いました。まだ一幕だけですけれども、奥行きのない平板な戯曲に思えたんです。僕には歌舞伎のようなのっぺりとした光景しか浮かばなかったわけです。廓の雑踏の中で、忠兵衛と八右衛門が会って話をする場面がありますけど、雑踏の中で話すといっても、歌舞伎的にやるんならいいけれども、本当の雑踏を作ったら、「声なんか聞こえるはずないじゃないか」と。最終的にはストップモーションで雑踏の動きをとめて、二人の会話を成り立たせたんですけどね。『近松心中物語』は、それほど好きな戯曲《ほん》じゃないんですよ」（『演出術』）

それにしても二〇〇〇年のインタビューの時点で、一千回も上演を重ねたヒット作に「それほど好きな戯曲じゃない」との言葉は苛烈である。

蜷川は『近松心中物語』について、こうも語っている。

「もちろん秋元さんの『常陸坊海尊』は、高度成長期以前の貧しかった日本を、きちっと書いたい戯曲《ほん》だと思っています。民俗的な伝承の中で、海尊が生き残っていく背景には、貧困とか飢えがある。飢えといっても、神を求めるように救済を叫ぶ民衆の魂の飢えも含めてのことです。

それと比べると、『近松』は単なるセンチメンタルなラブストーリーに思えてしまう。初演はともかく、今は、スターを使った商業演劇に寄り添う舞台になってしまったと思っています。ただ、僕は、小劇場をはじかれた人間ですからね。初演当時は、「商業演劇でやることがなぜ悪いんだ」と、逆の居直りをしていたわけだから、それなりの野心はあったわけです。（中略）

ただ、舞台がなまじきれいに、しかもおもしろくできてしまったために、『近松心中物語』に似た照明や、花道の使い方をする商業演劇が増えてきて、もう少しで潰れそうだった商業演劇が生き返る手助けをしてしまった。もっとも、僕は、結局商業演劇には敗れたと思っているんですよね。「何にもやれなかった、何にも変えられなかった」と後悔しています。日本だけですよ、劇場でマイク使っている芝居を演劇だといっているのは」（『演出術』）

「センチメンタルなラブストーリー」として安んじて観られるからこそ、長く再演を重ねたのも事実だろう。しかし、常に新しい舞台に挑戦したい蜷川にとって初演はともかく、この『近松心中物語』をリピートするのはお荷物になっていた。

もっとも、これは再演をたびたび重ねた上の話である。七九年の二月、帝国劇場で上演された『近松心中物語』の初演を観て、私は衝撃を受けた。演出の眼目は、遊女の梅川(太地喜和子)と忠兵衛(平幹二朗)が雪のなかで心中をする場面にはないように思われた。

秋元の台本がすぐれているのは脇筋に、お亀(市原悦子)と与兵衛(菅野忠彦、現・菜保之)夫婦の物語を撚り合わせたところにある。『緋縮緬卯月の紅葉』とその後日談『卯月の潤色《いろあげ》』を参照している。

忠兵衛の親友の与兵衛も、廓に入りびたり、忠兵衛のために店の金に手をつけた。与兵衛の身を案じた妻のお亀は、夫との心中を決意する。けれど、お亀は先に逝くが、どうしても与兵衛は死にきれない。僧形となって、雪のなかをひとり去って行く与兵衛の後ろ姿が忘れられない。死ぬのは決してたやすくはない。生き続けることの残酷が身にしみた。

はじめに秋元から渡された台本は、与兵衛が消えていくところで終わっていた。蜷川は秋元に、与兵衛が振り向いたあとに「もう一度冒頭の廓の場面に戻させてください」と願い、その場の稽古を見せ、許可をもらったのだという。

秋元松代全集に収められている戯曲の最後の部分はこう書かれている。助給とは、生き残った与兵衛が、乞食坊主となってからの名前である。

助給　（情けなさに涙が出る）お亀――。わしは、よくよく、だめな男や。死ぬこともようでけんのや。かんにんしてや。わしはこないな乞食坊主で生きていくほかないねん。――けど、お前のために、お経も習うて、ちっとはましな坊《ぼん》さんになるよってな。済まんけど、寿命のくるまで生かしといてや。

助給、笠をかぶり、雪嵐によたよたしながら鉦を打ちつつ去る。
風の音と雪。
幻想の揚屋町と群衆。

（『秋元松代全集』第四巻　二〇〇二年　筑摩書房）

「幻想の揚屋町と群衆」の一行は、秋元によって書き足されたのだろう。

蜷川の演出は、美術セットのプランが重要である。『ロミオとジュリエット』では、階層を三層の回廊で表した。それに対して『近松心中物語』では縦方向ばかりではなく、奥行きにも有効に遠近法を使っている。男と女がひとときを燃焼する廓の光景を、重層的に見せたのだった。

「朝倉摂さんと装置の打ち合わせをしているうちに、廓の中の階級性に気がついた。歌舞伎のように大きな構えの大店ばかりじゃなくて、間口が半間しかない店まで並べれば、貧しい女から、今をときめく花魁まで見せられる。それから装置を店先だけ作るんじゃなくて、必ず奥まで見えていくようにしつらえる。溝口健二監督の『近松物語』の店先のように、立体的にしていけばいいと思った。だから奥を透かして見ると、使用人が御飯を食べる台所まで観客はのぞくことができる。そうやって、家の中の何層かの構造を縦に見えていくようにすれば、商家の歴史だけではなくて、廓のなかにもある階級性が出せるかなと、縦深のセットに決めたんです。ただ、装置もリアルなままでは、俳優がナチュラルな演技に引き寄せられるのが嫌なので、「家の中にも屋根の上でも彼岸花を咲かしておこう」と考えました」(『演出術』)

音楽は歌舞伎のように、竹本や黒御簾音楽を入れることはしない。猪俣公章に作曲を依頼し、流行歌手の森進一に主題歌を歌ってもらった。

「装置や曲を積み上げることで、日本の古典の読み直しを、ひとつひとつ舞台の上に実現していこうとしたわけですね」(『演出術』)

この緻密な演出の細部は、冒頭の花道をゆく花魁道中の花魁に女優をあてずに、あえて男優に演じさせるところにまで及んだという。もっとも、このひそやかな演出を演劇評論家の大笹吉雄が見破った。蜷川は見破られて分析されてしまった悔しさに、再演ではこの花魁を女優とした話が残っている。

二　海外への道筋。東方から来たメディア

『王女メディア』『NINAGAWAマクベス』――一九八三年夏

蜷川幸雄が世界で評価されたのは、まずギリシア悲劇の『王女メディア』(一九七八年)であり、シェイクスピアの『NINAGAWAマクベス』(一九八〇年　いずれも日本での初演)であった。初期の代表作というべき二作は、スケールの大きさ、独自の解釈によって、ヨーロッパの演劇界にインパクトを与えた。

蜷川幸雄にとって初めての海外公演は、一九八三年の七月、ローマ、アスティ、アテネをめぐるイタリア、ギリシアツアーであった。

私家版であるが、この二作についての海外公演劇評集(一九八三年〜八六年)がまとまっている。劇評が掲載された紙面とともに、翻訳が添えられている。

海外の劇評でもっとも古い日付なのは、八三年七月六日の「コッリエレ・デッラ・セーラ」紙である。ローマ公演を観たマウリツィオ・ジャンムッソによる評は、絶賛だといっていい。能や歌舞伎の伝統から来た衣裳、身振りだと指摘した上でこう語っている。

「演出家はそこから反写実主義的要素、超心理学的な型による演技法を学び取った。幾世紀にもわたり西欧の女性たちの目標だった女主人公も含め全登場人物を男優のみで演じさせたのもこの伝統による。何もない舞台を音楽とコロスの舞踏的動きで満たしたことも賞讃に値する。言葉の壁さえ芝居の深い理解の妨げにはならなく思えた。特に驚嘆したのは最初の眩惑的反写実主義から、気づかぬうちに心理的演技に到達する点だ。メディアが王族のマントを脱ぎ捨て紫の細身の衣裳だけで泣きながら最後とばかり子供たちを抱きしめる場面である。貴族的な冷たい演技から心情的な演技へバランスを保ちながら移行していくさまは、舞台上稀に見るものといってよい。もちろん卓越した俳優ヒラ〔幹二朗〕に負うもの、徹底した自己規制、愛、絶望、復讐といった感情を、男性のものでも女性のものでもない、「人間」としての状態に純化し凝縮していく彼の能力によるものだ。ローマの観客は長いこと立上がったままでヒラはじめすべての俳優たちに熱い拍手を送っていた。そしてさながら真夏の夜の夢のように東方から来たメディアは銀の龍に乗って、ボルゲーゼの松林の彼方に消えてしまった」

『王女メディア』1984 年　花園神社　写真提供　東宝演劇部

作品に対する理解が深く、適切な評だと思う。ローマの観客がスタンディングオベーションで、この見知らぬ極東の演出家を歓迎したのがわかる。

こうした成功をもたらしたのは、評にもあるように、男優のみで演じたこと、辻村ジュサブローのデコラティブな衣裳によって無国籍な世界を作りだしたこと、打楽器を中心とした音楽とコロスの動きが舞踊としても完成度が高かったことがあげられるだろう。

記憶をたどると、私は七八年の日生劇場で行われた初演を観ていない。八四年五月に新宿花園神社の特設劇場で行われた野外公演の記憶が深く刻まれている。大劇場ではなく、野外で凱旋公演を行ったのは、アテネの円形劇場での成功を受けてのことだろう。視覚的、音楽的なインパクトが強烈なのはもちろんだったが、私は高橋睦郎の修辞に圧倒された。日本人にとってみれば、エウリピデスのギリシア悲劇は、遠い西欧の彼方、しかも紀元前の物語である。高橋は、馴染みのない地名や人名をそのまま使うのではなく「地の果てのえびすの境」とか「奥方さま」のように言いかえた。身近に感じさせつつも、格調を保ったのは、詩人による「修辞」の作業があったからだろうと思う。

海外公演に尽力したプロデューサーの中根公夫は、雑誌「悲劇喜劇」(早川書房)の蜷川幸雄追悼号(二〇一六年九月号)のなかで、このローマでの公演を回想している。

「〝アングラ演出家〟から十年、私の口車に乗って日生劇場や帝国劇場の演出家となり、遂に海外にまで強引に拉致されて、昼間からカーテンを閉め切るのもよく分かる。海外公演の本当の初日、外国ではじめての夜はローマでの『王女メディア』だった。ボルゲーゼ公園の四角い広場にしつらえられた会場で周りは緑の茂み。初日の幕が切って落とされ私は客席に居たのがどうにも落ち着かず、下手のワキの茂みに入ってのぞき見をしていた。何の為に？　私も恐怖だったのだ。しばらくすると横からガサゴソ人の気配がする。蜷川だった。二人共怖くて客席で坐っていられなかったのだ。顔を見合わせて苦笑いし、何故か暗がりの茂みの中で握手した。蜷川と握手したのはそれが初めてだった」

どんな舞台にも初日があり、千穐楽がある。初めての海外公演の初日は、のちの世界の巨匠にとってもまさしく恐怖であった。

フランスのパリ・オペラ座に留学経験があり、日本を代表するプロデューサーの中根にも海外での大規模な公演は恐怖だったのがよくわかる。こうした証言が残ったのは、その後の成功があってのことだろう。

『王女メディア』の成功に続いて、一九八五年八月、英国のエディンバラ・フェスティバルで上演された『NINAGAWAマクベス』がまたしても絶賛された。「ザ・ガーディアン」紙の劇評家マイケル・ビリントンは、八月二十六日付の紙面で以下のように書いている。

「16世紀のサムライの世界に場所を移したこの『マクベス』は、我々のものと、一体どこが違うのだろう？　それは、単純なペース、物理的美しさ、滲みとおるような悲しさである。我々が、目撃しているのは、力ある者が支配する古い社会の中の衝突である。悲しい感じは、響きわたるフォーレの「レクイエム」やサミュエル・バーバーの「弦楽器のためのアダージオ」からくるものであり、また、悲劇の証人として、舞台の外側にうずくまり、煮炊きの道具などを身辺に置く、ふたりの老婆の姿からくるものでもある」

妹尾河童の装置は、プロセニアムアーチの全体を巨大な仏壇とした。ふたりの老婆が客席通路から現れると、この仏壇の扉をゆっくりと開ける。紗幕の向こうに満開の桜が現れ、花吹雪が散っている。老婆は上手、下手それぞれに座って、この『マクベス』の物語を見詰め続ける構造になっている。

ビリントンは続けて語る。

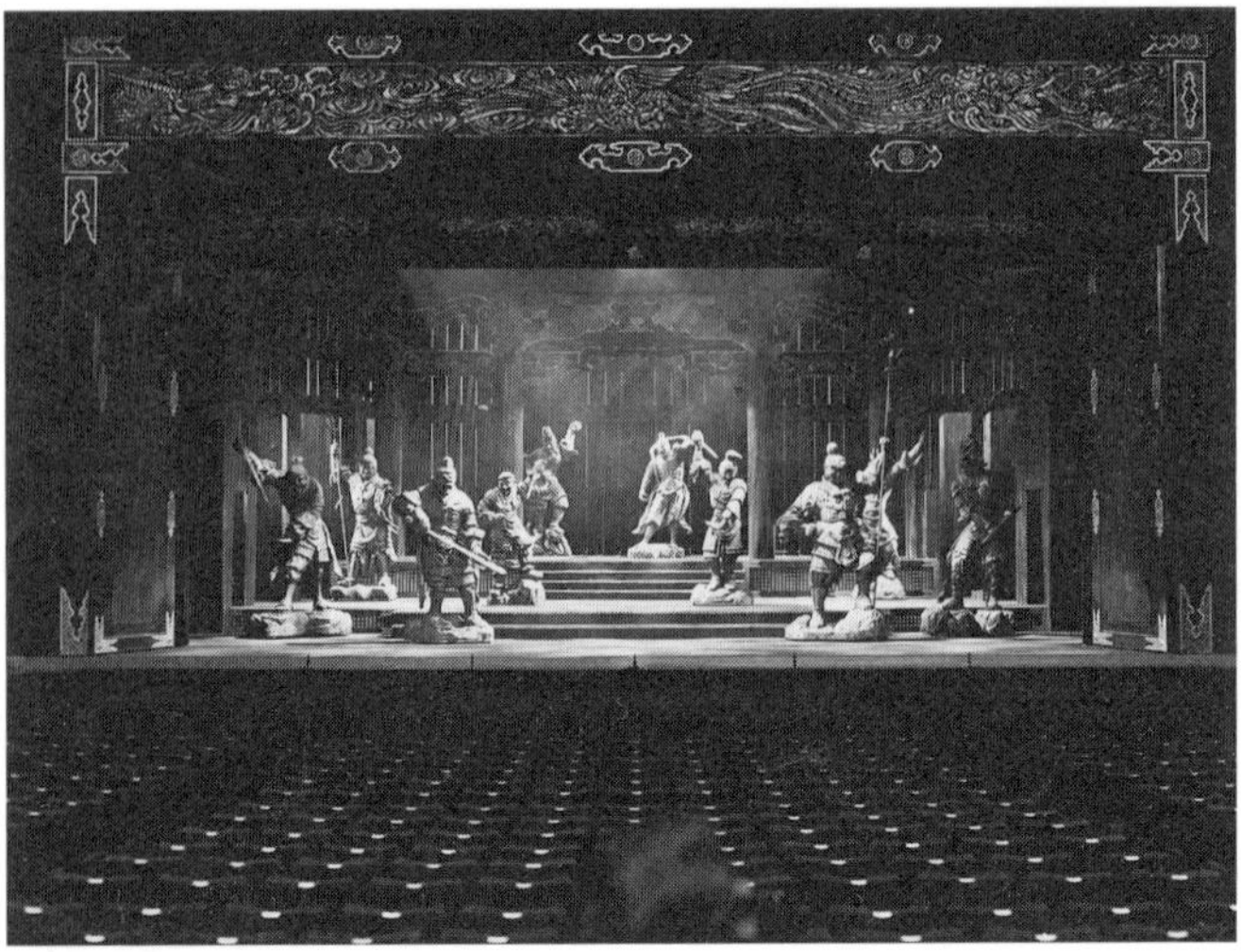

『NINAGAWA マクベス』の舞台セット　1987 年　帝国劇場
写真提供　東宝演劇部

「しかし、作品の主要なイメージは、しばしば透きとおった障子を、とおして見える、満開の桜である。我々にとって、桜の花は美のシンボルだが、日本人にとっては、危険と恐怖を表すという。従って、バンコーは、通例とされる、地獄の闇の中ででではなく、明るい桜の木の下で、サムライらしく雄々しく戦って殺される。バーナムの森も安っぽい、木の枝のセットでなく、危急を告げる桜の木の集まりとなっている。散り続ける桜は、また、時の流れと、地上の事物の移り変わりを表す」

音楽や装置を紹介するだけではなく、それらの要素が象徴する概念にまで筆が及んでいる。

「この作品の魅力は、西洋と東洋とが溶けあった所にある。また、これは私の推論であるが、我々と同じように、言語に重要性を置いていて、また、我々のシエイクスピア劇がしばしば見失っているもの、すなわち力強い台詞運びを持っているように思う。目をみはらせるような美しさとヴェルギリウス風の「人生の哀しみ」と共に、この点も注目に値する。エジンバラ・フェスティバルのために、やってきた芝居であるが、この舞台ひとつで、重要なワールド・シアターシーズンが開幕したかのような感がある」

蜷川幸雄が特に英国で長年にわたって広く受け入れられた理由について考えてみよう。英国を代表する劇作家シェイクスピアの作品を、歌舞伎の演出を取り入れながら、時代や空間を乗り越えて、日本の中世の物語としてローカライズした演出手法が、英国の観客、批評家には斬新に思えたのである。その土台に立ってではあるが、台詞の言葉を大切にする蜷川の指向性が、英国の人々には好ましく映ったのではないか。ビリントンはこの評をはじめとして、蜷川作品がロンドンなどで上演される度に好意的な批評を発表している。

三年連続の海外公演の成果は着実にあがっていった。すでに寺山修司がヨーロッパで評判を取っていた。しかし、蜷川の成功は、前衛劇、実験劇の範疇にとどまるものではない。「ワールド・シアターシーズン」は、演出家蜷川幸雄を迎え入れたのだった。

ただし、三年連続の海外公演のような離れ業は、俳優にとっても演出家にとっても、精神的にも肉体的にも過酷である。『王女メディア』は、「セットが簡単で、芝居が強いから」衣裳だけ持っていけば上演が可能だった。

「ただ、表現としては、俳優に体を苛めながら、体を曲げておけとか要求していましたから、大変だったでしょうね。割と変な格好をさせながら、コロスにある自由さを持たせようとしました。それ以降、大劇場でギリシア悲劇をやっていないのは、もう商業演劇にそんな余裕がなくなってきたのが大きいですね。『王女メディア』はそこそこ入ったんだろうと思うんですけど、採算を取れない公演は切られていく。そうすると、ギリシア悲劇を、とてもじゃないけど商業演劇で一カ月はやれなくなってきた。有名な作品しかできないわけです。『近松心中物語』が当たったために、商業演劇を続けられたわけですが、あの作品が当たらなかったら、すぐにお払い箱になったと思います。松竹だって東宝だって、今では絶対にギリシア悲劇なんかはやらないでしょう。その頃は「新しい演劇が商業演劇からも出てきたんだな」と、来てくれる観客がいたんです」(『演出術』)

一九八一年、八二年、八三年と『近松心中物語』ばかりが再演を重ねていく。同じ路線で秋元松代作の『元禄港歌』(八〇年)、『南北恋物語—人はいとしや』(八二年)を発表するが、『近松心中物語』の成功には及ばない。劇場で観ていても、演出術としては成熟しているものの同じパターンの繰り返しに思えてならなかった。

もっとも、私はまだ批評家と名乗るにはおこがましい存在だった。

私が八二年にはじめて雑誌「新劇」に書いた劇評は、小劇場演劇を対象にしていた。けれど、蜷川の舞台に通い続けるのは止めなかった。木村光一ら当時、活躍していた演出家と比較しても、その独自のスタイルは際立っていた。

海外では大成功を収めつつも、日本では綱渡りの状況が続く。「商業演劇」の名の通り、いくら芸術性が高くとも、採算がとれない興行、演出家は容赦なく切られていく。この厳しさのなかで、芸術性と大衆性の綱渡りが求められていた。

蜷川は『ＮＩＮＡＧＡＷＡマクベス』について、「大袈裟には言えないから、曖昧な言い方を演出上はしているんだけれど、自分の中では、政治的な行為に対するある思いを『マクベス』に込めたかったんです。響いてくる機動隊の催涙弾の音とか「ワーッ」っというデモ隊の喚声とか……。そういう新左翼の異議申し立ての結末をマクベスと重ねあわせる意図が、はっきりありました。深層まではもちろん、いけるはずもないんだけど、どこかで曖昧にでもいいから、重ねあわせたい心が僕の中にあったんだろうと思います」(『演出術』)と語る。

蜷川は劇作家ではなく、演出家である。劇作家は政治的な言葉を直接的に台詞に書き、ト書きに演出を指定することもできる。けれども、演出家は、劇作家の言葉を裏切れない。この時期の蜷川は、自分が政治の季節に受けた傷を、演出として盛り込みたい意図が鮮明だった。

劇作家の言葉を大切にしつつも、ダイナミックな演出によって独自の世界を構築していく。それは戯曲中心主義から離脱したいという願望の表れではなかったか。

『演出術』のなかで、私は不躾な質問を蜷川にしている。今、読み返してみても、失礼きわまりないインタビュアーであった。
たとえば、次のような件りがある。

――『マクベス』の第一幕第二場、ダンカンと武将が出てきますよね。そこで武将は床机に座っていて、下級武士は血に汚れて跪いている。蜷川さんの中に、階級制に対するこだわり、権力に対する強い憧れと憎悪があるのでしょうか。

権力に対する憧れなんてないよ。憎悪ははっきりありますね。『十二夜』でも「貴族の残酷さ、身勝手さはちゃんとやるぞ」なんて稽古場で言っていました。『マクベス』でも王権の象徴を、普通だったら冠にするんだけれど、日本に置き換えたために、鎧兜を舞台中央に置いた。鎧兜を背にして王、日本だから殿様が座って、それから徐々に位が下がって、と考証に従ってきちんとやりました。階段に並べるといっても、『マクベス』では大雑把に、三段くらいしかないですけどね。僕の舞台に段はいつもある(『演出術』)

シェイクスピアを演出するのに、階級制を抜きにはできない。階級を表すのは、まず舞台上の立ち位置であり、衣裳であり、椅子であった。鎧兜に神経を遣っていたのは、この発言からも読み取れる。
蜷川幸雄と階段については、深い結びつきがある。『ハムレット』を論じるときに、ふたたび、権力と階段の問題に焦点を合わせたいと思う。

蜷川は政治権力を憎悪していた。それにもかかわらず演出家という立場が権力性をはらんでいるのは、だれも否定しようがないだろう。蜷川はその矛盾に裂かれつつ、権力者と民衆をともに描き続けるのを止めなかった。

一二　押す者のいない乳母車

『にごり江』――一九八四年冬

蜷川は、東宝制作の大劇場の舞台では、冒頭の五分で観客を異界へと連れ去っていく演出で、その地位を確立していった。今、思い返すと蜷川のスペクタクルは、民衆のダイナミズムを表現するためだけにあったのではなかった。観客の視覚、聴覚を最大限に刺激し、この作品がどのような世界をはらんでいるか、その世界には異形の者たちが、いかように棲息しているかを雄弁に物語っていたのである。

懇切丁寧にして攻撃的な演出は、大劇場の空間を制圧するために、どうしても必要な方法であった。大劇場の天井桟敷から見る舞台は、驚くほど小さく遠い。三階にいる観客に、舞台を届かせるためには、照明も音響も、総動員しなければならない。俳優ひとりひとりの衣裳に、強烈な色彩とフォルムを与えて、縦横に動かす。壮大な動く絵画を舞台という大きなキャンバスに描いて見せたのだった。
ところが一九八四年に上演された『にごり江』の幕開きには俳優は登場しない。明治二十六、七年頃の東京。今も本郷菊坂に残る樋口一葉の旧居を模した装置(朝倉摂)を組んだ。天空には蒼い月がかかっている。上方にしつらえられた木造の長屋から長い階段が、谷底のような窪地へ向かって伸びている。その中心には長屋の人々の生活を支える井戸がぽつねんとある。

この幻想的な景色のなかに、ぼんぼり、姫鏡台、長襦袢のような女性が生きていく上で日々向かいあうものどもが宙を飛んでいく。あたりには生暖かい風が吹いている。暖簾やしまい忘れた物干し竿の手拭やすすきが風で揺れている。長い階段の上から、押す者のいない乳母車が階段をゴトンゴトンと降りてくるのだった。『にごりえ』『十三夜』『たけくらべ』『わかれ道』。この四本の一葉の作品が、一夜のうちに起きた物語に再構成されていく。

本郷の丸山福山町にあった銘酒屋の酌婦おりき(浅丘ルリ子)がひとまずの主人公である。蜷川は、舞台中央で行われる女たちが自らの運命を受け入れていく物語と並行して、上手、下手、あるいは二階にしつらえられた部屋では、それぞれの生活の営みが進

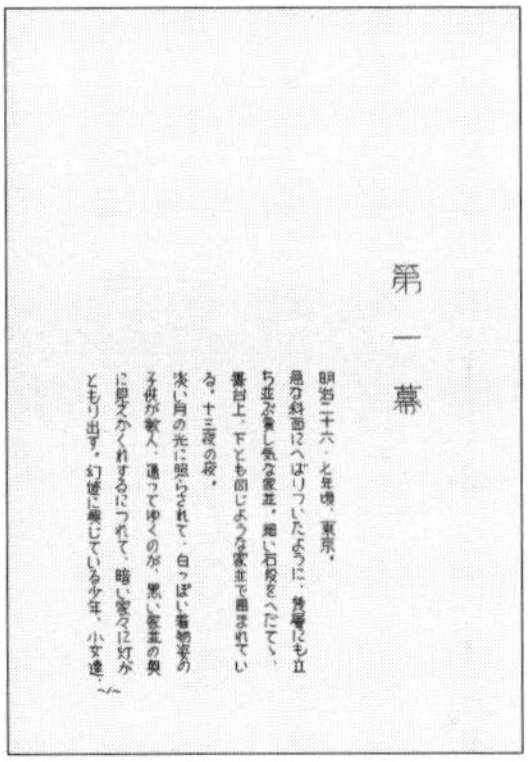

『にごり江』台本　1984年　日生劇場

んで行く様子を挟み込んでいく。

女たちの絶望とはうらはらに、時代は次第に進み、それぞれの部屋にはテレビがやってくる。日本の近代は歩みを早め、明治から大正へ。関東大震災を経て、江戸の記憶は次第に消え去っていった。さらに、時代が進み、東京大空襲の下町を中心に東京が焼け野原になった終戦。そして東京オリンピックを経て、高度成長期へと向かって行く。その過程で、女たちのはかない夢と、強いられた断念が浮かび上がっては消えていく。姫鏡台に向かって化粧をし、新しい長襦袢を身につけた女たちの日々が遠くなっていく。

『にごり江』のおりきは、贔屓のお客に決して身の上話をしない。「刺したいなら、刺せば」と、すげなくあしらってきた客の刃を受け入れる。『たけくらべ』の美登利は、幼なじみの信如と別れなければならない。少女は廓で身を売る女となるのである。『わかれ道』では、家での内職でようやく身を立ててきたお京は、これまで姉弟のようにしてきた少年吉三と別れなければならない。『十三夜』のおせきは、身分違いの男に器量望みでもらわれたがうまくいかず、離婚を決心するが実家でいさめられる。夜道を帰るときに若き日に惚れており、今は車夫となっている男と出会う。

蜷川は「女たちが、自分たちの何かを葬った月の夜を集めたかった。エピソードをたくさん集めながら、青春を封印した夜の芝居を作りたかったんです」「僕の身体の皮膚と肉の間に、いつも風が吹いていて寒いんですよ。それを舞台で表現したいんです」(『演出術』)とのちに語っている。

蜷川演出は、白々とした退屈な日常から、絢爛たる劇的な世界へと連れ去っていくのが特徴だと思っていた。ところが『にごり江』では、幕切れ、ニュースやアイドル歌手の歌声を暴力的に響かせた。何かを葬って、世界の片隅へと消え去っていった女たちとはうらはらに、テレビをにこやかに家族で愉しむ人々をつきつけた。彼らはもう、女たちの哀しみなど忘れて、時代に熱狂し、興奮している。ノスタルジックに見えた明治の庶民の哀しみを、終幕のテレビの洪水で一挙に突き崩してしまったのである。

男たちの権力闘争の裏側には、母や女たちの絶望がある。シェイクスピアやギリシア悲劇を演出しながらも、蜷川は一方で、女たちの存在を決して忘れることはなかった。世界の正史では、いつも女たちは沈黙させられてきたと語っていた。

私はここに、常に自らの演出を疑い、マンネリを怖れ、正史を描くだけではあきたらない演出家の立ち位置を読み取る。権力者によって虐げられるのは、常に庶民であった。この確信を西欧文明の流入に翻弄された明治・大正期の日本を描くことで、観客にリアルに伝えたかったのだろうと思う。こうした視点から『にごり江』に先立つ『近松心中物語』や『王女メディア』を読み直すと、梅川やお亀、メディアはいずれも圧倒的な哀しみをかかえこんだ女性であることに気づく。蜷川は『ハムレット』や『オイディプス王』のような男性中心の悲劇と平行して、女たちに視点を合わせた作品群を生み出していった。

この『にごり江』は、私が蜷川幸雄についてはじめて劇評を書いた作品である。掲載されたのは雑誌「流行通信」の一九八四年四月号。私は二十七歳になっていた。

一三　一発の銃声で青春が終わった日

『タンゴ・冬の終わりに』——一九八四年春

『王女メディア』や『NINAGAWAマクベス』ばかりではなく、『近松心中物語』や『にごり江』のような和物の成功作を得たこともあって、四十代前半から五十代なかばまでの蜷川を東宝と大劇場の時代としてくくる傾向がある。

けれども、蜷川は同時に中劇場のPARCO西武劇場で、唐の『下谷万年町物語』(一九八一年)や『黒いチューリップ』(八三年)、また、清水邦夫の『タンゴ・冬の終わりに』(八四年)を演出している。東宝制作の『雨の夏、三十人のジュリエットが還ってきた』(八二年　日生劇場)とともに、この時期の清水の代表作である。

名声のただなかで『オセロー』の舞台を最後に演劇界を去り、故郷にある実家の映画館「北国シネマ」に妻ぎんとともに隠棲する俳優清村盛を、かつての恋人だった若い女優水尾とその夫連(れん)が訪ねてくる。

盛は俳優として、若さと才能を取り戻すために、水尾に恋を仕掛けて、東京から姿を消したのだった。それから三年、水尾のところに盛から手紙が届く。真意を確かめようと水尾は、「北国シネマ」に盛を訪ねるが、手紙を出したはずの盛は、水尾を思い出せない。彼は現実と虚構の境目を失っていた。

この戯曲が生まれるまでには紆余曲折があった。清水と蜷川の間で初めに話し合われたのは、新潟のある公民館に年に一度、遊行する芸人たちが戻ってくるシノプシスだったという。ところがこの構想では、清水が書けなくなってしまった。代案として、アートシアター新宿文化でデビューした現代人劇場、櫻社の「ささやかな総括をちゃんとやろう」と話し合い、古い映画館を舞台にしたこの作品が生まれた。

『タンゴ・冬の終わりに』の冒頭では、映画館の客席にいる人々が描かれている。泣き、転がり、顔を埋める。映画館のスクリーンをみつめつつ、苦痛に身をよじる人間たちを執拗に描き出したのだった。

「冒頭には、七分か八分ある映画館のシーンで、「青春が終わった日をやれ」と俳優たちに演出したわけです。一発の銃声で青春が終わった日が観念的にあるとして、「これは映画でいえば『イージーライダー』のラストシーンなんだ」「あの日に僕は終わったんだ、大人になったんだ」と思い浮かべて、その日の観客席にいるつもりで演《や》ってほしいと。だから、普通の人が見たら、あの場面は延々長く感じるでしょうね。清水の戯曲では一行くらいですから」(『演出術』)

劇作家の書いた一行のト書きを、演出家が拡大して七分から八分のシーンに仕上げていく。冒頭の場面の描写に蜷川幸雄がすべてを賭けているとよくわかる。そして、仮に演出家が自らの過去の体験を重ねあわせようとする意図があったとしても、「青春が終わった日」という普遍的なテーマへと至れば成功である。観客ひとりひとりが「青春が終わった日」の体験を甦らせればいい。

演出家は単に華麗なイメージを描き出すだけではいけない。抜き差しがたい体験に根ざしていればいるほど、そのシーンは普遍性を持ちえるのだと語っていた。

「あの芝居で一番のキーワードになっているのは、彼が引退する原因です。他人の台詞を自分のものとして語れなくなった。それが俳優としての力量の衰えによって、他者の言葉を自分のものにする力が弱まった衰弱じゃないかと、清村は思っているわけです。僕にしてみれば、清水の言葉を自分のものにできなくなった衰弱している演出家であり、清水にしてみれば、自分は創作力が衰えてきた劇作家であると。それはそのまま、かつて客席の壁沿いに立っていた僕と清水のメタファーなんです」(『演出術』)

今、こうして書き写していても、なぜ、ここまで自分たちの衰弱にこだわっているのかいぶかしく思える。けれども、蜷川がこの作品を演出した年齢を、現在の私は超えてしまった。その私からすると、かつての敗北から目をそらさず、衰弱をテーマに一本の作品を作り上げるところに、清水、蜷川の強さがあり、エネルギーの源泉があるように思われてくる。櫻社の解散から十年の月日が過ぎた。ふたりは自分たちの敗北、衰弱の体験を元に、新たな物語と舞台を創り出してしまったのだった。

「力量が衰えた清村が何をしたかというと、若い才能のある女優を誘惑し、彼女に刺激を受けながら、生き延びようとする。それを読みながら「これは俺たちじゃないか」と、僕は思ったわけです。若い俳優をオルガナイズし、あるいはいろんな条件を若者たちから借りて、それを自分の餌にしながら生き延びようとしている。つまりこの芝居の隠されたモチーフは、僕や清水における一種の自己欺瞞の追及というか、自分自身の存在のあり方に対する追及なんです」(『演出術』)

蜷川はしたたかに、自己欺瞞が作品の隠されたモチーフであると、あえて自分自身の口で語ってしまう。自分の弱点をさらけ出すことによって、さらに周囲の士気を鼓舞していく。そんな衝動に駆られている蜷川をインタビューの席で何度も見てきた。

そんなとき、蜷川の口調は言葉を嚙みしめるというよりも、少し早口になった。

演出家の言葉は、稽古場の一刻、一刻が過ぎ去るとともに消えていく。それに対してインタビューに答えた言葉は、活字として残る。その意味をよく知りつつも、蜷川はいつも饒舌で、話が淀んだり、ためらったりするのはごく稀だった。言葉にしてしまえば、自己欺瞞や衰弱も消え去ると信じているかのように思えた。

この『タンゴ・冬の終わりに』についてのインタビューの終わりに、私は質問しないわけにはいかなかった。

「蜷川さんには抜き差しがたい体験があったからこそ、演出していく上のエネルギーになっているのでしょうか」

もちろんこの体験とは、参宮橋事件と櫻社の解散、そしてかつての仲間たちからの孤立を指している。

「ある時期までは、強くそれを思っていました。できたら清水の戯曲で、石橋蓮司と蟹江敬三と俺の三人で芝居をいつかやりたいと思っていたんです。七三年に櫻社が解散して、七四年に別れてから、それ以降、どうやって我々は生きてきたのか。「札を切ろう、出し合おう。観客なしでいいから、ある日、小さな劇場を借りて、蓮司と蟹江と俺は勝負をしよう、最後の作品をやろう」と、ずっと思って、やつらに言っていたんです。「おい、一回やろう」ってね。

でも、二年くらい前からかな、突然、「俺はもうどうでもいい」って思いはじめた。「ああ、それはもういいや。もう意地を張ったり、何かに答えを求めるのはやめよう」と。札を出し合う共演というか、最後の闘争はもうやめよう。何が自分に決着をつけさせたのかはわからないんだけれど、たぶん「そんなことは無駄だ」って、どこかで思ったんでしょうね」（『演出術』）

このインタビューは二〇〇〇年に行われたから、さかのぼって二年前とすると一九九八年頃にあたる。蜷川はこの年、六十三歳になっている。参宮橋事件のあと、二十年あまりもこの問題を自問自答し続けてきたとわかる。

折にふれて蜷川は、石橋蓮司、蟹江敬三にこのファンタジーのような最後の作品について語ってきたのだろうが、いわれる相手にしては、半ば嫌がらせのように受け止められたのではないかと思えてくる。こうして「札を切ろう」と迫るのは、櫻社以降、怯まず、怖れず、演劇の第一線を走って作品を発表してきた自信の裏付けがあってのことだ。つまりは、俺は、蓮司や蟹江には負けないといっているに等しい。嫌な言い方になるが、功成り名をとげた演出家の勝利宣言のようにも読める。

また、蜷川の言葉を書き写していて、気がついた。これは蜷川の出自が新劇だからか、蜷川は役者ではなく、俳優と必ずいった。芝居ではなく、作品と常にいった。

ところが、この発言のなかでは、芝居と作品が混在している。口調は穏やかだったが、自分を強く納得させるために、感情を抑えていたからだろうか。ざらっとした違和感が今も残っている。

一四　蜷川スタジオの誕生と過酷な演出

『NINAGAWA少年少女鼓笛隊による血の婚礼』――一九八六年夏

『タンゴ・冬の終わりに』は、一九八四年の四月の公演である。公演が終わって間もなく蜷川は、若い俳優たちと集団GEKISHA　NINAGAWA　STUDIOを立ち上げ、江東区森下のベニサン・スタジオの屋上にあるペントハウスを借りた。本書の冒頭に書いた蜷川に面識を得た時期である。

ベニサン・スタジオには、永井愛が主宰する二兎社、デヴィッド・ルヴォーが芸術監督を務めていたTPT（シアタープロジェクト・東京）も事務所を置いていた。この場所が演劇人に好かれたのは理由がある。もともとは染物工場だったこの空間には、貸し稽古場があり、また一階にはベニサン・ピットという名の劇場があった。直方体の何もない空間で、舞台も客席も自由に組めた。空間の上方には、キャットウォークもあった。二〇〇九年の一月に取り壊されてしまったので跡形もないが、新国立劇場の小劇場がイメージとしては近い。ただし、元工場だけあって、人間が往来した痕跡があり、何もない空間にもかかわらず暖かみがあった。ロビーも狭かったが、上質の舞台がコンスタントに上演されたので、九十年代の前半は特に、東京の小劇場演劇の突出した部分を担っていた。

デヴィッド・ルヴォーの演出について『傷ついた性』を書いたこともあって、私もよくこの劇場や稽古場に通った。劇場の脇は駐車場になっていたが、その中央奥には、蜷川専用の駐車スペースがあった。定位置にメルセデスのコンバーチブルが停まっていると、蜷川が来ているとわかった。そういえば、彩の国さいたま芸術劇場の芸術監督になってからも、劇場入口にやはり蜷川専用の駐車スペースがあった。

八四年に上演された『稽古場という名の劇場で上演される三人姉妹』の連名を見ると出演者には、後年、蜷川の舞台を支える俳優たち、大石継太、大川浩樹、清家栄一、渕野直幸らの名前が見つかる。蜷川スタジオは、勝村政信、松重豊、演出家の鈴木裕美らを輩出している。また、演出補の井上尊晶、装置家の中越司は、この集団を母体に成長した。後年の蜷川ファクトリーを支える揺籃となったのである。

ＴＰＴに出入りしていたこともあって、スタジオの俳優たちと会う機会もあった。彼らの多くは二十代で若く、むきだしの野心に満ち満ちていた。一九八七年十月、スタジオから生まれた劇作家宇野イサム作の『ギプス』が上演された後、森下で飲んでも飲み足らず、皆で都営新宿線に乗り、新宿に向かった。俳優たちが口論になり、車中であやうく立廻りになりかけたのを今でも覚えている。

私はこの『三人姉妹』について劇評を書いている。『三人姉妹』の向う側に蜷川スタジオの俳優たちの実人生を見ようとしていた。

『三人姉妹』が書かれたのは、一九〇〇年。チェーホフが四十歳の秋であった。三年ほど前から激しい喀血を繰り返していた彼は、その前年に、自分の命はそう長くないものと考えて、すべての作品の版権を売ってしまうことさえしている。死の予感が頭の隅にある状態で書かれたこの戯曲は、抒情的な喜劇として読まれようとも、喉元にこみあげてくるような焦躁に色濃く染まっている。蜷川演出は、人物たちの関係性を描くことにこだわらずに、ただ、ひたすら、人間がその時代に生きることの焦躁と不安を突出させる。

彼〔蜷川〕が用意したのは、蜷川スタジオに集う若い役者たちが、『三人姉妹』という〝大作〟の公演に直面したときの焦躁と不安を、あらわに観客に提示してしまう方法だった。観客が客席に案内されると、もう、そこでは開幕を前にした役者たちが、舞台の上をそれぞれに占め、あるいは冒頭のセリフを繰り返し、あるいは歩き回りながら、本番前の緊張に耐えている。そればかりではない。幕間の大道具や小道具のあわただしい移動も観客の目前で行なわれるし、ストップウォッチを手にした舞台監督の指示までが、劇の一部に組み込まれている。舞台の上手、下手に開かれた楽屋で、オーリガが化粧を直すところも、イリーナが出を待って、ソデの階段に腰かけ、うつむいている姿まで観客に見せてしまう。

幕の内側を覗き見る好奇心を観客はとりあえず満足させられるわけだが、蜷川の戦略は、そこにとどまらない。当たり前のことだが、ここで視線にさらされるすべての行為は、蜷川の演出をぐっているのであり、開幕前の緊張に耐える役者とは、実は、演出された開幕前に緊張する役者に他ならない。つまりは、テキストを忠実に上演したかに見せながら、蜷川は、『三人姉妹』を劇中劇として上演したということになる。ベニサンスタジオで演じられたのは、チェーホフの『三人姉妹』であるばかりではなく、蜷川幸雄の『チェーホフの三人姉妹を上演する蜷川スタジオの人々』だったと言うべきだろう。

観客が見せられたと信じた、若い役者の不安と焦躁は、観客の予想に応えるかのように、蜷川が演出した情動である。そして、それが演出されたものであるからこそ、観客である私たちは、いともたやすく若い役者たちを媒介として、『三人姉妹』を現代のものと実感することができたのだ」（初出「新劇」一九八五年二月号／長谷部浩『4秒の革命』一九九三年　河出書房新社）

私は彼らが蜷川の舞台を愛し、そして憎んでもいると感じていた。どれほど蜷川が作りだす作品や演出に魅せられようとも、若さは若さであるがゆえに、権力者に対して本能的な反感をいだく。その振幅が役者の魅力の源泉としてあるのだなと彼らから学んだ。ただし、集団の牽引車として、蜷川に取って代わる人間は、原理的に生まれようもなかった。そんな人間が出てくれれば、何人かの俳優を引き連れ、集団を出て、新たな劇団を作ればいいだけの話だった。それは蜷川が青俳から出て、現代人劇場をつくったときと同じことだ。仮に思い込みでも、蜷川を超えたと思ったら、カンパニーにいる意味はない。

「蜷川カンパニーには、何の規約もないし、よそが制作する舞台に出てもいいし、マネージメントを行うプロダクションに所属していてもいい。月々の義務は何かといったら、五〇〇〇円払うというだけです。この場が自分を刺激しなくなったと思えば、出ていけばいいだけの組織なんです。集団というものは、どうしてもいろんな意味で自己目的化していくところがあるわけですね。作品を作るためではなく、集団の存続が目的になっていく。蜷川カンパニーには、そうなりかけるたびに小さな解散を繰り返し、また結成していく歴史がありました。対外的には続いていますけれども、実際はオフィシャルではない解散があって、二、三回やめているんです。ただ、解散しているからこそ持続できている、やり続けていられる側面があるんです」(『演出術』)

蜷川は「小さな解散」と呼んでいるが、劇団員が突然、もう、来なくていいと通告されることもあったと複数の元劇団員から聞いている。劇団員の採否を決めるのも、また、辞めてもらうのを決めるのも、蜷川だったことは間違いない。

実際には、俳優同士がお互いを選んで、グループを作り、戯曲に限らず小説や詩の断片を手がかりにエチュードを作る。その結果を蜷川が観てダメ出しをする。公演をすると決まれば、この断片を構成してひとつの作品とするやり方だった。

八五年の十月にパルコ・スペース・パート3で上演された『作品たち』は、こうした成り立ちから生まれた舞台だった。村上春樹の『パン屋襲撃』や赤坂真理の『蝶の皮膚の下』、藤沢周の『ブエノスアイレス午前零時』が蜷川の関心を引いたのである。

後年になるが蜷川の傍らにはよく純文学雑誌が置いてあった。「文學界」「群像」「新潮」「すばる」などその月に出たすべての雑誌が積んであった。その時々の小説家が何を考えているかにつねに敏感だった。言葉に貪欲な演出家だったと今振り返って思う。

エチュードから生まれた作品のシリーズは、継続的に発表された。『1991・待つ』(一九九一年)にはじまるシリーズは、年の部分を変えて、九二年、九三年、九六年、九八年と続いていく。

また、先の『三人姉妹』(一九八四年十一月)から間をおかずに、翌年六月には清水邦夫の『95kgと97kgのあいだ』(ベニサン・ピット)と、平行して既成の戯曲を取り上げる公演が続いた。八六年には『NINAGAWA少年少女鼓笛隊による血の婚礼』が上演されている。『雨の夏、三十人のジュリエットが還ってきた』(八二年)に続く清水、蜷川による新作である。かなりの難産だったことは、蜷川の言葉から想像がつく。

「劇作家の清水邦夫との、悪夢のような創作過程につきあった。清水邦夫と一緒に仕事をするのは、約三十年に近いというのに、今回はとくにひどかった。ぼくらは何度も何度も会合し、何度も何度も混乱し、何度も何度も沈黙した。ついにぼくはもう今度の公演は中止にしようと、清水にいった。清水もぼくも、体力も気力も、もう限界だと思ったからだ。清水は、もう一晩待ってくれといった。こうして翌朝、清水は十枚の原稿をもってぼくの前にあらわれた。その戯曲は路地にひそむトランシーバーを持った青年のこんな科白ではじまっていた」(『Ｎｏｔｅ増補　１９６９〜２００１』)

清水の「悪夢のような創作過程」は、『血の婚礼』執筆時にはじまったわけではない。おそらくは、清水邦夫の戯曲文学と蜷川幸雄の俳優第一主義が出会ったときに衝突が生まれ、だからこそ稀な舞台が誕生したのだろう。

かつて俳優座が清水の『狂人なおもて往生をとぐ』(一九六九年三月)を上演した。この舞台を観た蜷川は「清水の文学の持っている力を論理的に解説しているだけで、俳優の全存在がそこに関わる必要がないじゃないか。観客も観念的な部分だけで関わればいい舞台じゃないか。だとすれば、それは演劇ではなくて、まるで評論だろうと僕には思えた」(『演出術』)と厳しい批判を加えている。この俳優座の舞台の直後、九月には『真情あふるる軽薄さ』が新宿文化で幕をあけている。「真逆に、ノイズがあふれる身体で、演劇的な現場が持っている猥雑な力で、清水の戯曲の持っている寓意を乗り越えてしまおうとしたんです」(『演出術』)

文学は物語がひとつの寓意となって現実を照らし出す力を秘めている。それが論理的な解説や観念的な部分として萎縮することに蜷川は耐えられない。

「それ以降もずっと、清水の戯曲と対するときの問題点は変わっていない。たとえば『血の婚礼』にしても、僕の演出の一番の眼目は冒頭から最後までずっと降らせた激しい雨と人との問題だと思うんですね。演出家として、こんなに激しい雨を長い間舞台に降らせる馬鹿はいない。台詞を聞かせるために、途中からもうちょっと柔らかい霧雨にしたって全然おかしくはないんです。だけどもこの雨の暴力的なあり方を抜きにしてしまうと、清水のアレゴリーだけが立ち上ってしまうんですよ。清水の戯曲は、僕はメタファーではなく、アレゴリーだと思っています。清水のある種の戯曲は、多層化された物語にまで行っていない、一発で見てとれる図式だろうと言いたくなってしまうことがあるわけです。まあ、盟友に対して厳しすぎるかもしれないけれど、寓意から、多層化された暗喩に飛躍するためには、雨を激しく降らすような過剰なことをやったり、俳優に台詞をものすごい速度でしゃべらせたりしなければならない。そうやって、論理的な解明を観客がはじめたら成り立ちにくい場面を、生理で飛ばそうと思っています。それは正直いって、清水の戯曲の足りないところをごまかしているんですね」(『演出術』)

この発言は、戯曲の文学とノイズがあふれる身体が直接ぶつかりあうための場が重要で、その場は演出が設定するのだと語っている。もっとも、ノイズがあふれる身体は特権的な資質の持ち主に宿る。すべての俳優が持ち合わせているわけではない。ならば、激しい雨をかぶせることで俳優の身体をクローズアップする。台詞をものすごい速度でしゃべらせることで、物語が寓意に回収されるのを妨げる。そんな企みが込められていたのだとわかる。

こうした苦心の作の評を私はこんな調子で始めた。

「酸性雨が降りしきっている。魅力的な芸者ガールが愛想をふりまいている強力ワカモトの電子掲示板《エレクトリックPOP》を見上げながら、僕らは雨を避けて、ドラゴンのネオンがうねる屋台に入って、ヌードルを頼む」

リドリー・スコット監督の映画『ブレードランナー』冒頭のシーンを描写している。『血の婚礼』とは、一見関係ないようだが、雨からきた連想である。蜷川演出は、この作品の冒頭から終わりまで、ずっと本物の水を俳優たちに雨としてあびせ続けたのだった。

「ベールのように機能する雨は、個性の強い装置たちを、ときには遠ざけ、逆に雨と格闘する役者たちの姿がクローズアップされてくる。雨は舞台をすべりやすくするばかりではない。ぬれにぬれて役者たちは身体を冷やし、劇に立ち向うためには、通常の二倍、いや三倍もの努力で、精神をかきたてなければならないだろう。若い役者たちにとって大きなハンディキャップともなりかねない雨を背負わせることによって、逆にそれが挑発として働き、役者たちから、メソッドによって抑圧されがちな激しい感情のうねりを引き出すことさえするのだ。

ここでは雨は自然の恵みでもなければ、喉のかわきをうるおしてくれるものでもない。ただひたすら、私たちを閉じ込めてしまうもの。狭い路地の一角に私たちをとどめ、そこから出ていく気力など根こそぎ奪っていく存在であるように思えた。いつか止《や》む雨ならいい。けれど止まない雨は暴力的だ。雨は人を殺さないが、人と人とに殺し合いをさせる力を持つ」(TBS「調査情報」一九八六年八月)

私が書いた蜷川演出の舞台評のなかでも、蜷川幸雄『Note　1969〜1988』(一九八九年河出書房新社)に収録されたこともあり思い出深い。のちに聞いたのだが、TBSの広報誌にささやかに載ったこの劇評を清水邦夫が見つけて、蜷川に示したのだという。蜷川の舞台は、常に注目の的で、多くの劇評が書かれたから、演出家自身が私の劇評を選んだかと思うと、正直いって嬉しく、一人前になったような気がした。私はまだ二十九歳だった。

一五　大新聞に、一部の壁新聞で対抗する

『ハムレット』――一九八八年春

これまでたびたび引用してきた『演出術』のなかに、少し風変わりな章がある。タイトルは「スランプ時代の演出」という。強気な蜷川が自らの演出にスランプ時代があったと認めた章である。一九八五年、谷崎潤一郎作の『恐怖時代』を浅丘ルリ子主演で演出してから、九四年、ベニサン・ピットで、『夏の夜の夢』を演出して、定評のあったシェイクスピア悲劇ではなく、喜劇で新境地を開くまでの十年間について、蜷川は「自分の経歴から抹殺したい演劇が、いっぱいありますよ」と、忌憚なく語っている。

私は「どんな仕事でも、波に乗っているときと、そうではないときがある。「この頃、俺は調子がいいんだよ」としきりに発言していますが、反対に調子が悪かったときのことを話してもらえます

か」、とさりげなく切り出した。

「『南北恋物語』のあたりですね……一九八三年か。『にごり江』は悪くないと思うんだけど……八六年のあたりはだめですね。八六年の本願寺の『オイディプス王』もよくない。『血の婚礼』はそう悪くないと思うんです。『貧民倶楽部』はだめ。『テンペスト』はまあまあ。八七年の『なぜか青春時代』、こういうのはだめですね。八八年『欲望という名の市電』『仮名手本忠臣蔵』。スパイラルホールでやった『ハムレット』、これはひどい劇評を書いた記者と喧嘩して、蜷川新聞を張り出したけど、実はよくないですね。八九年『盲導犬』、九〇年『ペールギュント』。『七人みさき』とロンドンの『タンゴ・冬の終わりに』は、九一年か。九二年は新作をやってないですものね。九四年のベニサン・ピットの『夏の夜の夢』まで、あまりよくないんじゃないですか」(『演出術』)

十年間の作品をことごとく否定していく。もちろん演出家として復調した自信がなせる業ではあるだろう。この『演出術』の取材をしていた頃は、取材のために稽古場を訪ねるばかりではなく、初日には必ず本番を観ることにしていた。本番前と後には蜷川を楽屋に訪ねて、十分くらい話すのが常だったが、その舞台に自信があるかないかが、よく伝わってきた。明瞭に顔に出る人だった。こちらが本気で感動しているのがわかると、「本当?」と嬉しそうに顔をほころばせるのが常だった。逆に自信がないときには、少し視線を落としていた。

もっとも、舞台に自信がないとき、逆に腹を立てることもあった。八八年五月、スパイラルホールの『ハムレット』は、かつて七八年に帝国劇場で上演した作品を、再び演出した二演目の舞台である。初演のハムレットは平幹二朗。このスパイラルのときは、渡辺謙主演。坪内逍遙訳、小田島雄志訳を併用する舞台で、全体に統一感が乏しく、ちぐはぐな印象が残っている。たとえばゴンザーゴ殺しの劇中劇を、雛祭りの飾り付けに見立てた演出は、初演、二演、そして九五年の真田広之主演の三演まで共通しているが、スパイラルの小空間では、雛祭りの飾り付けをしても、手狭に見えて効果的には思えなかった。

蜷川は「朝日新聞」に掲載された劇評に激怒した。「東京・青山のスパイラルホールで見た『ハムレット』には、正直なところ、がっかりして疲れ果てた」と書き出す挑発的な文章だった。「ハムレット役の渡辺謙など、早口にしゃべりまくっていることの半分は聞き取れず、あとの半分は右の耳から入って左の耳から出ていくだけで、心に触れてこなかった」(一九八八年六月七日夕刊)。短い字数の新聞劇評で比喩をつかうのは、よほど慎重にしないとむずかしい。単に読者を惑わせるだけで、劇の中身について何も語っていない結果に陥りがちである。

この「展」とだけ署名の入った劇評に対抗して、蜷川はスパイラルホールのロビーに手書きで抗議の壁新聞を張り出した。壁新聞の性格上、私の手元には残っていないが、調子は激越なものだった。膨大な部数を誇る大新聞に、たった一部の壁新聞で対抗する手段は、私にとっては爽快で、演劇人の意地を感じた出来事だった。

私が知る限り、蜷川が壁新聞ではなく実際に新聞を発行したのは、二〇〇四年の一月に上演された『タイタス・アンドロニカス』の劇評を受けてのことで、このときは二つ折りの新聞に複数の劇評を転載して、その優劣を観客に示すというやり方だった。私自身が「日本経済新聞」に書いた劇評も再録された。彩の国さいたま芸術劇場の渡辺弘プロデューサーから転載依頼の電話がかかってきたのを覚えている。どうやら私の劇評はおぼえめでたく「よい劇評」の評価を与えられたようだが、嫌な後味が残った。また、野田秀樹と同時期に演出した『パンドラの鐘』でも、「朝日新聞」が四人の筆者に依頼した評があまりにも野田に偏るのに抗議して、観客も書き込める壁新聞を張り出した例があるという。

壁新聞を張り出した二演の『ハムレット』は、蜷川にとっても自信がない舞台で、加えて映画界のスター渡辺謙を擁護しなければという動機からこの抗議は出発している。それに対して『タイタス・アンドロニカス』は、どう考えてもすぐれた舞台で、自信作が一部のメディアで正当に取り扱われなかった怒りから発しているように思われた。私は自分の劇評が収録されたのを素直には喜べなかった。

スランプ時代に戻る。蜷川自身は、その理由について、こう語っている。

「大劇場で何かを伝えるためには、俳優の演技だけでは足らない。音楽を入れたり、大勢の人を使ったりしなければならない。何かを伝えていくためのズームインとズームバック、拡大と縮小は、音楽とか照明とか群衆を使わないとできないわけです。(中略)極端にいえば開幕の三分間、いや大体一

○分ぐらいの間に、これから始まる劇の方向性を伝えていく方法はあっという間にパターン化していくわけですよね。シェイクスピアだろうと近松だろうと、商業演劇のお客さんは僕の芝居をすごくわかりやすく観てくれていたと思います。ガイドは丁寧にしているわけですから、それはわかりやすいだろうと思うんだけど、自分でもそんなやり方が嫌になってきたわけですね」(『演出術』)

大劇場で蜷川は成功を収めた。しかし演出手法自体が陳腐化していくのはまぬがれなかった。演出家は、演劇的に何か新しい表現を探そうと模索していく。その結果、失敗が続くとよい劇場を押さえられなくなり、次第によい配役が組めなくなっていく。悪循環を断つのはそう容易ではなかった。

『演出術』を読み返すとき、今でも気に入っている部分がある。

「自分の作品がよくないとき、誰にも言えない」との蜷川の言葉を受けて、私は重ねて聞いている。

――誰にも言えないとおっしゃいましたが、プロデューサーにも言えないものなんですか。

言えないね。

――奥さんにも言わないのですか。

言わないね。

――自分一人で抱え込むものなのでしょうか。

それは抱え込まなきゃ、やむをえないですね。だけど何が辛いって、集団を引っ張っているでしょう。みんなにいいって言い続けなければ、千秋楽《らく》まで行けないでしょう。演出家が逃げちゃっている舞台で、俳優は突撃できないですよね。自分で、「行こう、行こう、行け」「いいんだ、楽しいんだ」って言い続けなければいけないんだけど、実際には「俺の作品はよくないな」とわかっている。必ずしもすべてがいいとは思っていないのに、言葉には出せないから鬱屈するんですよね。それは一人で抱えなきゃいけないんだよな。（中略）

でも、人生に三回ぐらいしか、いいときってないんです。それは、もう本当に、よくわかった。自分を守るものは作品のあがりしかない。お客さんの入りがいいから作品がいいってわけじゃないし、入りが悪いから作品が悪いっていうわけじゃない。劇評が悪いからといって本当に悪くもないし、誉められているからってそんなに優れているものじゃない。そこのところの自分の保持の仕方、厳しいというのともちょっと違うんだけど、自分に対してフェアであり続けるっていうのは難しいんですよ

（『演出術』）

作り手の側にここまではっきり批評の限界、そして自分の保持の大切さを、明瞭な形で言葉にされたのははじめてだった。しかも「人生いいときは三回ぐらいしかない」。この箴言は演出家にのみあてはまるわけではない。表現にたずさわるすべての人にとって、大切な言葉を得たと思った。

一六　そして中劇場へ。目線を演出する

『三人姉妹』——一九九二年冬

今となっては信じられないと思うが八十年代の初頭には、六百から七百の客席数で現代演劇を演目とする中劇場は限られていた。貸し小屋としては、新宿の紀伊國屋ホールがあるくらいで、新劇の劇団が一年の大半のスケジュールを押さえ、また、八十年代に台頭してきたつかこうへいが本拠地としていた。サンシャイン劇場は松竹の経営だったし、パルコ劇場には劇場付の制作がいて、独自のプログラムを組んでいた。演劇に特化した適当な劇場は、払底していたのである。

京橋の銀座セゾン劇場は、一九八七年。渋谷のシアターコクーンは、八九年。池袋の東京芸術劇場は九〇年。世田谷パブリックシアター、新国立劇場が開場したのは、九七年だから、二十世紀の終わりになって、東京の中劇場は、公共劇場も含めて、急速に整備されていった。

演劇界の通例として、仮に上演する演目が決まっていなくとも、二年前には劇場を押さえなければならない。逆にいえば、今、思い立っても、その作品にふさわしい劇場で公演できるのは、二年後になってしまう。中劇場に転換を図るとすれば、早く行動し、劇場を押さえなければならなかった。

蜷川は、銀座セゾン劇場のオーナーだったセゾングループの堤清二に会いに行った。これまで面識のない相手である。「僕は音楽や照明で説明的に演劇を飾りつけてきたわけです。でも今は、人間の視覚がきちっと通る範囲の劇場に戻りたい、それにはセゾンが一番いい」(『演出術』)と説明し、この劇場で演出させてほしいと頼んでいる。「人に会うのは恥ずかしいけれども、自分でだめになっているとわかっているから、素直なんですよ。会いにいくことには、全然、衒《てら》いがないんです」(同前)。蜷川はいざというとき人任せにせず、自ら動いた。

セゾンでの演出は、一九九一年六月、秋元松代の『七人みさき』からはじまっている。音楽には、『テンペスト』(八七年　日生劇場)と同様、宇崎竜童を起用した。劇場のサイズは中劇場になったものの音楽や照明で観客に説明していく演出手法は変わらず、新たな境地に入ったとはいいがたかった。

続いて九二年の十一月にはチェーホフの『三人姉妹』を上演しているがこの舞台も成功とはいえない。先に書いた八四年のベニサン・ピットの蜷川スタジオ公演、二〇〇〇年のシアターコクーン稽古場と三度の上演例がある。三度とも俳優たちが『三人姉妹』を稽古場で上演している入れ子の形式を取っている。ベニサン、セゾンの舞台では、稽古をつける演出家の役で、蜷川自身が短い出番ではあるが出演している。

「僕はチェーホフの主人公たちが持っている閉ざされた世界が好きなんです。これは、僕の中の二面的なところだと思っています。たとえば、稽古場での自分は、快活でいろいろなことを仕切るけれども、家に帰って一人になって、ひっくり返って本を読んだりするのも好きなんです。家に帰って一人でいる僕は自閉症みたいなもので、子供のときから本を読んだり、絵を描いたりするのが好きだったけれど、外に出れば野球の選手でもあり、水泳の選手でもあった。この二つが見事に分裂しているんです」(『演出術』)

シェイクスピアの荒々しさとは対照的に、チェーホフのひそやかな世界にも強く引かれていたとわかる。もっとも心情的に寄り添っているだけではない。

「戯曲を読むと、チェーホフの描く人物は、だいたい思う人に思われていないんです、全員、みんな違う人を思っているんですよ。それを目線で演出したわけです。座ったときに必ず誰が誰を見ているかを徹底してうるさくいった。大体、恋愛している人は、黙っているときに相手の行方をじっと見ているでしょう。お互い愛し合っているのであれば、舞台にいる俳優の目線が合うはずだけど、『かもめ』ではいつもずれている。それをちゃんと見せるために、「俳優を裸にしてしまおう、狭い空間で観客との距離を縮めてしまおう」と思ったわけです。

それは『三人姉妹』でも同じなんです。トゥーゼンバフとイリーナだけではなくて、マーシャのだんなはマーシャのことを好きだけれど、マーシャはヴェルシーニンを思っている。一番不幸なのはオリガですね。恋愛していない女ほどかわいそうな存在はいないな、誰に対しても、思いもしなければ、思われもしない」(『演出術』)

狭いベニサンとコクーン稽古場では一定の成功を収めた蜷川『三人姉妹』が、セゾンではそれほどの成果をあげていないのはなぜか。理由は明白で、目線が演出の対象となるような微細さは、中劇場でさえも広すぎる。蜷川演出のチェーホフは、自在に客席を組める小劇場に向いていた。かなり切り立った傾斜のある客席を持つ銀座セゾン劇場は、実は舞台と観客席の一体感をつくりだすのがむずかしい空間だった。蜷川がいうように、このセゾンの『三人姉妹』は思い通りのキャスティングが組めなかったから成功しなかったのではない。この演出に空間が不向きだったのだと私は思っている。

その証拠に『演出術』の取材のなかで、私はこの舞台をあまり褒めていないふしがある。あまりよくないものを、あたかもすぐれた舞台であるかのように言いつくろうのは、むずかしい。

一言、「切実な青春群像として成り立っていた作品でした」と評しているが、それに応えて蜷川は、言葉を返している。

「そうですね。もう一回チェーホフをやったら、ようやく自分の青春の日からの思いや呪縛から逃れて、新しいチェーホフの演出ができるかもしれない。さっき、チェーホフを超えるような世界がないと長谷部さんに言われたけれども、確かに僕のチェーホフは、斬新な演出ではないでしょう。どちらかというとリアリズム演劇になっている。新解釈とか、新しいビジュアルで、演出プランを組むようなことはやっていません」(『演出術』)

どれほど失礼な評を私が口にしたのか、本にするときは省略してしまったので活字には残っていないが、それに続く言葉が参考になる。蜷川は、ペーター・シュタインの『桜の園』やジョルジョ・ストレーレルの『桜の園』へライバル意識を剝き出しにしている。シェイクスピアやギリシア悲劇以外で、世界の演劇界にインパクトを与える作品を生み出していないくやしさがあったように思う。

続いて一九九三年の十一月には、これもまた蜷川スタジオですでに成果をあげた『血の婚礼』をセゾン劇場で上演している。劇の冒頭、雨のなか水たまりに倒れている青年を、文学座の養成所を出たばかりの寺島しのぶが演じたのが記憶に残る。けれども舞台水準を考えると、やはり私はベニサン・ピットでの上演の方が切実さにおいて勝っていたと考える。それはこの時期の蜷川演出は、大劇場から中劇場を志向しつつも、実は小劇場にふさわしい演出を試みていたからだと思う。

九四年は十月にもサミュエル・ベケットの『ゴドーを待ちながら』を同じくセゾン劇場で上演しているが、男バージョン、女バージョンを同時に上演した奇策が目立つばかりで、やはりベケットと蜷川の世界観が嚙み合わずに終わっている。

この二作品にはさまり六月に上演した『夏の夜の夢』が、これまでの不調を取り戻すように大きな転換点となる舞台になった。

九三年の七月には、初めての著書『千のナイフ、千の目』が紀伊國屋書店出版部から刊行されている。また、桐朋学園大学短期大学部演劇専攻の教授に就任している。

一七　背水の陣で小劇場へ

『夏の夜の夢』――一九九四年春

これまで蜷川はシェイクスピアの作品を数多く取り上げてきたが、悲劇に限られていた。方向転換をはかるために、喜劇の『夏の夜の夢』の上演をもくろんだ。

銀座セゾン劇場は、一九八七年、開場するにあたって、すでに世界的な巨匠としての地位を確立していた演出家ピーター・ブルックの『カルメンの悲劇』を招聘した。演出家の要請によって、いったん完成した客席をすべて取り払って、スタジアム状のベンチシートとし、舞台も土を敷き詰めた改造を行った歴史があった。この例があったためか、期間を隔てた九四年、このブルックとヨーロッパで声望の高い山海塾の天児牛大、そして蜷川の三者が、またしても劇場を改造して連続上演を行う企画が持ち上がっていた。ところが、ブルックの来日が困難になったために、この企画自体がなくなった。

ブルックが来ないのであれば、改造はしないというのである。早稲田小劇場(のちにSCOT)出身の白石加代子がキャスティングされていたが、白石はセゾンでなくても出ますといってくれた。意地になった蜷川は、それならばベニサン・ピットで自主的に上演しようと決意した。蜷川とそのマネージャ、舞プロモーションの小川富子が制作資金を出した。まさしく背水の陣として生まれた舞台である。

当時の蜷川は、作品的にも精神的にも、そして経済的にも追い詰められていた。「なにしろ食えなかった」と率直な本音をもらし、本人としては不本意で、のちに経歴から消したいとまで言ったミュージカル『魔女の宅急便』を青山劇場で上演したのは、九三年である。

「当時「自分の演劇の場が狭められてきたな」「いい作品を作り続けていないと、場がなくなっていくな」と危機感を感じていました。僕は下から這い上がってきているから、それも当然だと一方では思うわけです。商品価値がない者に場がなくなっていくのは当然のことです。だからそれは受け入れる。どこかで自分の手でやればいいだけの話だと思っています。『夏の夜の夢』をやったときは、落ち目の破れかぶれという感じだったかな」(『演出術』)

還暦を目前にした演出家が、破れかぶれで打った手はいかなるものだったのか。

戯曲の指定では、アテネとその近郊の森となっている。蜷川はこの設定を変えて、白い砂に岩を配した枯山水の日本庭園を思わせる装置を作った。しかも、上方からは白い砂や赤いバラが降り注ぐ。

アテネも森も登場しないが、二組の恋人をめぐるファンタジーは、絵空事のドタバタ喜劇に終わらなかった。生きることの切実さ、生命の永遠を願う人間たちの哀れさが立ち上がってきた。蜷川自身の深い呼吸が聞き取れるような舞台で、感銘を受けたのを覚えている。

俳優時代、蜷川は京都で撮影が休みになると龍安寺に通った。夏の日、縁側で石庭の白い砂と岩を眺めていると、ひんやりとしてそう悪くはない。「いつかこれは芝居になるな」と思っていたという。

「石庭という抽象化されたセットのなかで、他の表現が拮抗していくには、ナチュラルなもの、あるいはリアルなものだけじゃ足りないんですよね。石庭を宇宙として考えて、なおかつ森の中を象徴するには、石庭に木を植えても仕方ない。天上から砂を何本か降らせ続けて、それを木の幹に見立てられないだろうかと考えたわけです。

それと舞台は夏ですから、季節をきちんと表したかった。「イギリスの夏で一番印象的な花は何か」とイギリス人に聞いたら、バラだというんですね。じゃ、そのバラを降らそうと。花を降らすというと僕の舞台ではいつも赤が多いから、「今度は白にしようかな」と思ったんだけど、「やっぱりこれは愛の話だから赤かな」とかね。そんなことを考えながら演出プランを決めていったんです」(『演出術』)

赤い花が降る舞台とは、秋元松代の『元禄港歌』を指す。椿の花が落ちると床にぼとりと音を立てる。その無残なありようは、瞽女《ごぜ》の糸栄、初音の母娘の辛く、はかない生を表しているようだった。

ところがこの『夏の夜の夢』のバラは、むしろ性を謳歌しているかのように降った。同じ赤い花でもこれほど違った印象を与えるのかと私は目を見張った。

また、同世代の演出家でライバルと目されてきた鈴木忠志の早稲田小劇場出身の白石が、蜷川の舞台に出演するのもかつてない事件だった。白石は独特の演技術と強烈な個性を持つすぐれた女優である。鈴木のつくりだした鈴木メソッドの体現者でもあった。蜷川がこれまで起用してきた俳優たちとは、出自が異なっていた。古典の俳優ではないが、様式的な演技ができる。しかも、型にこだわらずに、情念が湧き上がってくる。そんな相反した要素がひとりの身体のなかで炎のように燃える特異な俳優だった。白石の演技によってタイテーニア役が自然の奥深い力と直接結びついているかに見えた。

そして、妖精のパックに京劇俳優の林永彪を起用したのも効果的だった。重力から解き放たれた林の身体があってこそ、世界を飛び回っていたずらを仕掛けるパックがはじめてリアルな存在に見えてきた。また、分身の術のように複数のパックが登場するのも画期的な演出だった。

新しい俳優との出会いもまた、演出家の創造と深く関わっているのはいうまでもない。

さらに、職人たちの劇中劇には、石井愃一や大門伍朗らを起用して大衆演劇を思わせる仕立てにしたのも思い出深い。劇の途中、舞台の背後にある扉が、路上に向けてたびたび開かれる。妖精の王オベロンや職人たちは、舞台袖ではなく、この開け放たれた扉から入ってきた。バイクや自転車に乗ってくる俳優もいた。彼らがテーブルを囲んで馬鹿話をしていると、猥雑な現実が、石庭の抽象的な空間になだれこんでくるのだった。
　ベニサンは、江東区の森下にあった。下町の平凡な光景のなかから、職人たちが現れる。舞台奥を開き、劇場に現実の空気を流れ込ませるのは、唐十郎はじめアングラ演劇の常套的な演出だが、この無国籍なファンタジーに、下町の光景を引き込むとは恐れいった。私が観たとき、コンビニの袋を持った買い物帰りの通行人が、逆に劇場内をのぞき込む偶然もあった。通行人にとっては、劇場内にいる観客は、見世物となり、「観る、観られる」の関係が逆転するスリリングな瞬間があった。

「舞台で焼きそばを作って食ったりね。あれは劇場に、食べ物の匂いを持ち込みたかったわけです。下町の長屋みたいな商店では、ちょっと人が来ると、「おお、上がって何か食ってけよ」と呼び入れるでしょう。そんな職人たちが一杯飲んでいる情景ですね。あの場面はイギリスでも結構喜ばれたんです。職人のシーンが終わったら大拍手。台所で焼きそばを作るシーンも、ここはイギリスでは笑うものだと決めているんじゃないかと錯覚するくらいの大笑いなんです。もちろんパックが出てくりゃ喜ぶ。恋人たちもあんなに突き飛ばしたりする演出はないから喜ぶ。スタンディング・オベーションがすごかったです。受けに受けた。同時期にＲＳＣも『夏の夜の夢』をやっていたんですけど、僕らの勝ちだと新聞批評に出ていました。日本よりはるかに客席の笑いがすごかったです」（『演出術』）

　日本で立ち上げた自主公演が、英国で評価された喜びが伝わってくる。そのなかにＲＳＣ（ロイヤル・シェイクスピア・カンパニー）に「勝った」という表現がある。舞台はもとより勝ち負けではないが、この時期の蜷川にとって、過去の作品ではなく、新作が英国で評価を受けることがいかに大事であったかよくわかる。また、長文の劇評が掲載される英国の新聞に対して、ある種の尊敬を生涯持ち続けたと思う。

私が疑問を持ったのは、幕切れである。パックの長台詞があり、舞台を囲んでいる蠟燭をひとつひとつ消していく。そこで照明を落とせば、必ずや観客を感動させられるとわかっていながら、蜷川はパックを退場させずに、延々と石庭を動き回らせた。最後のパックの高笑いにも違和感があった。

「長いでしょう。あの場面は、みんなに批判されたんだ。あの場面は、きれいに終わりたくなかったんです。こういうところがつむじ曲がりなんだけど、蠟燭を消して終わっては、きれいに上がり過ぎだって思うわけね。パックが石に触れたりして歩き回るのは、カメラでいうと、大ロングショットで、宇宙に打ち上げたロケットから地球を見ている効果をやりたかったわけです。劇の世界全体を相対化したかった。「では、どちらさまも、おやすみなさい。ご贔屓のしるし、お手を頂戴できるなら、パックも励み、必ずお返しいたします」で終えればいいんだけど、あそこから延々カメラが地球の外へ行くまでずっと昇っていくように、観客に感じてほしかった。

石庭の石のひとつひとつが、地球の五大陸と考えたんです。そのひとつひとつをパックが慈しむように触れていくと。しかも、パックが変な笑いカラスの笑い声みたいに「あああーっ」て笑うでしょう。あれは中国人にとっては、悪い気を飛ばす声なんだそうです。僕らには不吉な声に聞こえるんだけど、地球の邪気を吹き飛ばす音なんだそうなんです。それを知らなかったから「不吉だから嫌だ」って言ったら「そうじゃないんだ」と説明された。「そうか、じゃ、異文化を入れておこう」と思って声を残したんです」(『演出術』)

異質な文化の衝突を怖れない蜷川の姿勢は、この『夏の夜の夢』で際立っていた。シェイクスピアを日本ローカルな世界に移し替えて終わるのではない。ジャパニズムで西欧の観客を幻惑させるのではない。白石の様式、林の京劇の身体、京都の石庭、下町の空気。さまざまな要素を混ぜいれた結果、無国籍な世界が現れたのだった。

こうした強引な演出手法を知ると、蜷川が舞台を司る祭司に思えてくる。とくに猥雑な人間たちの日常めいたやりとり、たとえば焼きそばを作る職人たちを慈しみつつも、ついにはロケットから地球を眺めるような鳥瞰を幕切れに仕掛けている。鳥の巨視的な視点と虫の地を這うような目を持ち合わせている。京劇の俳優の提案をすんなりと受け入れる柔軟さもある。

シェイクスピアの喜劇を、新たな解釈で解読するばかりではない。その根底にある世界観を見詰め、謎めいた『夏の夜の夢』を観客に向けて解き放とうとしていたのではないか。その絶妙のバランスが舞台に結実して、新しい代表作が生まれた。

今になって思えば、小劇場へ回帰したい気持は、ベニサン・ピットでの成功からふたたび、蜷川のなかで高まってきたように思う。商業的に舞台を成立させることももちろん重要だ。けれど、それだけでは演劇人の精神は疲弊してしまう。蜷川は大劇場での成功だけを追い求める演出家ではなかった。

一八　階段をのぼり、権力へとすりよる

『ハムレット』——一九七八年夏

世界の演劇人にとってシェイクスピアの『ハムレット』は特別の意味を持つ。主人公のハムレットは、教養も豊かで、武勇にもすぐれ、国民の信望も厚い青年だが、父王が謀殺されたのをきっかけに、憂鬱と狂気に閉ざされるようになる。演出家の解釈が重要なのはもちろんだけれども、この複雑なキャラクターを演じるにふさわしい俳優がいなければ、上演を成り立たせるのはむずかしい。

蜷川演出の『ハムレット』でタイトルロールを演じたのは平幹二朗、渡辺謙、真田広之、市村正親、藤原竜也、川口覚。平による初演出は一九七八年の帝国劇場。藤原による最後の演出は、二〇一五年の彩の国さいたま芸術劇場。なんと三十七年に渡って、演出し続けたのである。

基本的な演出プランは、一九七八年から引き続いている。ゴンザーゴ殺しの劇中劇では、雛祭りの

緋毛氈も鮮やかな雛壇に、宮廷の人々を置いた。また、幕切れでは階段の頂点に次の権力者フォーティンブラスを置いて、これまでハムレットの父王、そして叔父のクローディアスに仕えてきた廷臣が、はいつくばって階段をのぼり、権力へとすりよる人間の本性を視覚化したのだった。

蜷川の舞台には、階段や重層的な構造の装置が多く登場する。舞台を遠近法で捉えるばかりではなく、立体として捉え直す。それは本舞台の中央に大がかりなセリを持つ歌舞伎舞台を容易に思い出させる。たとえば『楼門五三桐』の「南禅寺山門の場」や『白浪五人男』の「極楽寺山門の場」のセリを使った演出が蜷川のイメージの源泉となっていたのだろう。

また、蜷川は西欧の階級社会を描き出すのに、上方と下方を強く意識させる装置を求めていた。

「権力の構造を表すのに、階段がもっとも視覚的に明解だと思っていました。このときの舞台には、階段以外の部分がほとんどない。両袖のドアを入ってきて一メートルぐらいで、すぐ階段になっている。観客は、階段を見たとたんに、瞬間的に権力を感じ取るのが狙いです。おまけに、衣裳の辻村ジュサブローさんがちょうどビニール素材が気に入っていた時代で、ガートルードは、まるで漫画に出てくるテントウムシみたいな変な物を頭の上にくっつけている。廷臣は、ずだ袋みたいなものを着ている。ぴかぴか光るようなビニール素材で、デコラティブでしょう。衣裳の力も借りて、一種のグロテスクな空間を作ろうとした。上がってきた衣裳を、一日かけて汚したという記憶があるんです」

(『演出術』)

『ハムレット』については、それぞれの上演が思い出深いけれども、真田広之主演で銀座セゾン劇場で上演した九五年、九八年の舞台は、蜷川のこの時期を代表する舞台となった。また、今はもうない銀座セゾン劇場が作りだした最良の舞台といってもいいだろう。

基本的な演出は変わっていないが、幕切れのフォーティンブラスとその部下を、黒旗を掲げる少年の集団として描いた。少年が持つ特有の暴力性、テロリズムへの傾斜があり、こうした若い世代に年老いた廷臣たちがすりよっていく逆転もまた、鮮烈であった。終演後すぐに、公衆電話から『ハムレット』を翻訳した松岡和子に興奮を伝えたのを覚えている。私としては生涯に何度もない興奮であった。もとよりこの時代には携帯電話はない。感激を伝えるには、公衆電話から松岡の自宅に掛けるしかなかったのである。

「シェイクスピアの作品の中でも『ハムレット』は、モーツァルトの音楽のように、絶妙なバランスの上に成り立っている作品だと思います。たとえばハムレットの父親に対する愛情とか、母親に対する愛情とか、どちらか一方向に力点を置き過ぎると、作品が歪むんです。時代に対する懐疑、オフィーリアに対する愛、母親に対する愛情と憎悪、父親に対する追慕とか甘え、叔父に対する憎しみ、国家に対する憂い、時代の病に対する怒り、全部が均等に、きちっとあるバランスを持つように演出しなければならない。ハムレットと学友たちの関係、あるいは旅芸人に対する友情とかも、同じレベルで考えていかないといけない。どれかに力点を置きすぎると、秤は傾いてしまって、あの作品を捉えそこなうんです」(『演出術』)

蜷川が『ハムレット』を演出するにあたって格別の難しさを感じ続けていたとわかる。謎に満ちた戯曲は、世界の全体をひとつの舞台にこめようとする演出家をひきこんでいった。それは階段イコールピラミッド形の権力構造のような解釈で捉えられるような単純なものではなかった。

「ならばハムレットは、関係のすべてに対して等距離を持っている人間なんだと考えてはどうか。なぜ等距離なのかと考えると、つまりは何かを中心に据えることができない、ひとりの人間に世界を担わせることはできない。それが、ハムレットがかかえこんだ時代の悩みなのでしょう。

もちろんハムレットは主人公で、中心的な存在であるけれども、どうやら彼の時代では、王子であり、叔父からも後継者と認められたにもかかわらず、彼は世界の中心でいられなくなってしまいつつある。主人公が時代を映す鏡だとしたら、その鏡は砕けてしまっていて、つなぎ合わせない限り、ひとつの像を結べなくなっている。そういう存在としてハムレットを捉え直すことができれば、『ハムレット』は現在の物語になると僕は思ったわけです」(『演出術』)

ここには蜷川の世界観がよく表れている。もはや中心的な存在であるハムレットと他者との等距離の関係を丁寧に描くことでしか、舞台は世界の現在を捉えられない。『ハムレット』に込めた思いは、演出と出演者によって刻々と変化していったのである。

一九　蜷川幸雄の横顔。翻訳家の目

『ハムレット』――一九九五年秋

稽古場で翻訳家・演劇評論家の松岡和子は、つねに蜷川の横にいた。いつも横顔を見詰めていた。蜷川が何を考えているか、何をいま見詰めているかを見ていた。

「正面を向いてシェイクスピアについて蜷川さんと論じたことはないんです。一抹の淋しさはありますが、恵まれていました。でもね、横顔なんですよね。でも横顔を見ていていいのは、蜷川さんが何を考えているかを間近で慮ることができたこと。それから、蜷川さんの目線を横から同じ方向に追っていくと、蜷川さんが観ているものを観ることができました」

松岡にとって、一九九五年、真田広之主演の『ハムレット』は、蜷川との最初の仕事だった。松岡が当時の回想をNHK文化センターで懐かしく語っていると聞いて取材を申し込んだ。この原稿の仕上げを行っていた二〇一七年一月二十一日のことである。場所は静岡芸術劇場の二階だった。

松岡は彩の国さいたま芸術劇場のシェイクスピア・シリーズの企画委員会のメンバーであり、『ハムレット』から蜷川の遺作『尺には尺を』まで、このシリーズでの翻訳のほとんどを担当し続けた。

企画委員会は、委員長が河合祥一郎。委員は、蜷川幸雄、松岡和子、高橋宣也、セルマ・ホルト、高萩宏、金森美彌子である。

「『ハムレット』の最後の一幕の翻訳ができあがったとき、インターネットもない時代でしたから、どうしてもプリントアウトを直接蜷川さんに渡したいと思ったんです。蜷川さんは、そのとき英国のプリマスで『夏の夜の夢』を公演していましたから、私は渡英しました。「できたよ、蜷川さん、最後の一幕！」っていって渡すことが目的だったんです。

帰国して最初の会合は、蜷川さん、(井上)尊晶さん、と私。原宿にある舞プロモーションの会議室です。『ハムレット』は長いですし、文化的、宗教的な違いから今の日本人にはわかりにくいところもあります。(台詞の)どこをどうカットするかの会議と聞いていました。私はカット案を全部考えて行きました。

蜷川さんはいきなりこう切り出しました。

「今日はもうやめよう！」

「えっ、なんで」

「いや、一生懸命全部訳したのに、最初の仕事がカットではいやでしょう?」

「え、そんなことないよ」

「じゃあ、やろう」

そんなことといわれるなんて思ってもいませんでした。二十年間で、一番優しい言葉でした。

それ以降は、準備稿ができると渡して蜷川さんがカットする。「これで問題ないかどうか、松岡さんに見てもらって」と、私の所へ送られてきます。そうすると蜷川さんが、どの方向にその作品をもっていきたがっているか、どういうものが、いらないかがよくわかりました。それだったら、ここもカットしたらどうかとか、二行復活させたほうがいいんじゃないですか、とか、あるいはカットしたために飛びすぎだから、これこれこうですと説明の作文をしましょうかとか、そういう仕事をやってきました。

そのうちに『お気に召すまま』(〇四年)あたりからでしょうか。「今度は松岡さんが先にカットしてよ」ということになりました。「これまで僕のカットを見てきたのだから、何をすればいいかわかるでしょ」という意味だったのだろうと思います。でもさすがと思ったのは、(四代目市川)猿之助さんがシャイロックを演じた『ヴェニスの商人』です。第一幕第三場にシャイロックが利息についてアントーニオに説く台詞があります。「ヤコブのやり方はこうだ、まずラバンとのあいだに取り決めを交わしておく、生まれてくる子羊のうち縞とぶちのは、みんなヤコブの取り分になるとな」うんぬん。ばっさりカットしたら「ここは復活。猿之助さんがおもしろくするに違いない」。で、本当にそうなりました。あれには、私は参ったなと思いましたね。確かに、この台詞は意味は不明ですが、肚の芝居ができるところでした。アントーニオを煙に巻き、相手を馬鹿にして自分の方を有利にする。そのために聖書のたとえを持ち出して偉そうな説教をする。そういう何段構えもの芝居だから、歌舞伎役者にはもってこいの件りだったんです。そのあたりを見抜く。これまで任されてやってきたのにガツンとやられた気がしました。翻訳家だけではなく、俳優もどこまでできるか、能力を見極めているんだとよくわかりました」

松岡和子は、時間が許す限り、蜷川の稽古場にいた翻訳家である。蜷川は劇作家や他の翻訳家が稽古場を訪ねるのを好まなかった。けれども、松岡は自ら「稽古場フリーク」と呼ぶほど現場にいることにこだわった。蜷川は稽古場のキャスト・スタッフに、「言葉について疑問があったら、松岡さんに聞きなさい」といっていた。細かい言い直しにも松岡は対応した。

「蜷川さんは、稽古場で台詞を変えるとき、「松岡さんは活字にするとき(ちくま文庫で出版するとき)元に直せばいいでしょう。いまはいいだろう」といっていました。劇作家や翻訳家は現場での直しがあっても戯曲としては書いたままが残る。演出家はそうではない。「こんちきしょう、活字になって残るんだな、お前らは」っていう、それは私個人じゃなくて、作家というものに対する根本的なねたましさがあったかなと思う。表だっては、作家は苦労して言葉をつむいでいるから(簡単にはカットできない)といっていましたけど、おなかのなかは違う。全部表裏一体でした。

作家にコンプレックスを持っているのは公言していましたし、映画をやりたかったのは、映画は監督が決定したままが残りますから、こだわったのだろうと思います。

劇作家も翻訳家も、書いただけでは血が通っていない。自分が翻訳しているときには頭のなかで全部がわんわん活気を持って生きているんだけど、紙の上に定着したとたん寝てしまうわけじゃないですか。その言葉を演出家は、俳優の身体を通して、まさに身体化し、血を通わせる。俺はすごいものをつくってやるぞっていう自分の仕事に対する誇らしさと、作家への劣等感。それを超える誇らしさと、またしても劣等感が何重にもなっていたのだろうと思います。

もっとも私は私で、血が通っていない文字に息を吹き込んで、演出していく蜷川さんに、ライブのものに対するうらやましさ、ねたましさを感じていました。自分の力だけではできない劣等感がありました。

それと、私は、だれがどの役を演じるのかをある程度わかって、翻訳を進めることができました。空で吉田鋼太郎や藤原竜也の声を聴きながら翻訳していたんです。シェイクスピアも、座付役者でしたから、リチャード・バーベッジの声を聴きながら上演台本を書いていたのでしょう。空で声を聴き、表情や身振りを想像しながら訳して、稽古場にいくと、ひそかに私が思った通りに演技して、想像とぴったりにハマルときがあるんですよ。当たったときは、快感でしたね。すごい俳優を惹き付ける力のある蜷川さんと仕事ができたのは幸せでした。

私は一度も蜷川さんから褒められませんでした。それは、さみしいけれど、確かに人は人を横向きでは褒めませんよね。下手をするとクビになるから、もう頑張るしかない、と思ってやっていました。いつもクビにならないから、パスしているのかなと思っていたくらいです。スタッフも簡単にクビにするからね、本当に死屍累々じゃないですか。それが私にとって最後の仕事になった『リチャード二世』のパンフレットに寄せて「ぼくの演出が松岡さんの翻訳をきずつけないことを祈るばかりです」と書いてあったんです。まさかそんなこと思ってるなんて考えもしなかったから、私、泣いたよ、家に帰って。「なんで今ごろそんなこというのよ!」って思って」と、少し涙声になって語ってくれた。

パンフレットを確認すると、以下のような言葉がみつかった。

「しかし、この詩的なイメージに富んだ戯曲が、どういう舞台になるのか、自分にも想像がつきません。ともかく飛躍に次ぐ飛躍で、とんでもないイメージの連続の舞台になればいいなあと思っています(ぼくの演出が松岡さんの翻訳をきずつけないことを祈るばかりです)。戯曲に負けない、いい演出がしたいです。大丈夫かなあ。

頑張れ蜷川、頑張れ俺」

この日、静岡芸術劇場では、シェイクスピア作、松岡訳、宮城聰演出の『冬物語』が上演されていた。松岡が蜷川とともに練り上げた翻訳である。劇場の二階にあるカフェロビーの広い窓からは、遠く雪の富士が見えた。白い冠をかぶって、りりしく立っていた。

二〇　激情と思慮のただなかで

『ハムレット』――二〇一五年冬

ハムレットは激情と思慮のただなかにいる。こうした考えをもっともよく表していたのが、蜷川最後の『ハムレット』となった二〇一五年の舞台である。時代は飛んでしまうが、『ハムレット』についてここで一気に書いてみたい。ハムレット役は藤原竜也。そしてハムレットから憎しみを受ける叔父クローディアスを平幹二朗が演じたのである。シェイクスピア上演の長い歴史のなかで、絶対にないとはいいきれないが、一度主役のハムレットを演じた俳優が、敵役のクローディアスを演じた例はきわめてめずらしい。この配役は素晴らしいと思うが、蜷川の世界観を受け入れ、クローディアスを演じようと思った平の勇気に頭が下がった。私は一五年の舞台について劇評に詳しく書いたのでここで紹介したい。

「一九七八年に帝国劇場で『ハムレット』（シェイクスピア作）を初演出してから三十六年あまりが過ぎた。このときハムレットを演じた平幹二朗が今回はクローディアスに回り、ガートルードには鳳蘭を迎えた。こうした難かしい役に、輝かしい主役を演じてきた平、鳳をあえて配したために、二〇一五年のハムレットは世代間の対立を鮮明に打ち出す演出となった。

『ハムレット』2015年　彩の国さいたま芸術劇場　藤原竜也
写真提供　ホリプロ，撮影　渡部孝弘

ハムレットを演じるのは藤原竜也、オフィーリアは満島ひかり、レアティーズは満島真之介。なかでも藤原竜也は青年の性急さよりは、激情と思慮のただなかで煩悶する三十歳を演じている。学者として、武人として、そして王子として世界の全体を引き受け、解釈しようとする個人のまっとうなありようが伝わってきた。

先王を殺した弟クローディアスは王位を簒奪し、兄の妻王妃ガートルードと結ばれている。その腐臭に満ちた関係を描き出すために、蜷川演出は年かさの俳優の肉体をあえてさらけ出してみせる。平のクローディアスは裸体となって水を浴びる。演出家は平に年齢のために避けられない肉体の衰えを隠すことを許さない。権力や色欲が醜いのではない。衰えた肉体にこそその醜さがふさわしいのだと語りかけているかのようだ。

それに対して、藤原の引き締まった肉体とほとばしる汗はひたすらな生を感じさせ美しい。また、痩身にして柳のような満島ひかりの輝かしさ、そして満島真之介の鋼のような肉体には純情と意志が宿っている。

成熟した青年と落日の老年が、決して混じり合わない絶望的な日々をともにするとき、悲劇が起きるのだった。

今回の上演では、樋口一葉原作、蜷川演出の『にごり江』などで使われた長屋のセットが舞台一杯にしつらえられている。思えば、菊坂下の一葉は、明治を絶望的に生きた。明治期にハムレットがはじめて上演されたときの稽古という設定だが、ここではメタシアターの意味はさほど強調されない。むしろ、性急な近代化、西欧化のひずみのなかで、明治から平成へとひた走ってきた日本の醜く、老いさらばえた姿がこの朝倉摂による装置と重なり合う。もはや日本そのものが活力を失い、ぼろぼろになってようやく立っていると、この作品全体が告げている。

このデンマーク王国＝日本の頽廃を打ち破ろうとして立ち現れるのは、内田健司が演じるフォーティンブラスであった。ハムレットの遺言によってこの国の指揮をとるのは、半裸体の細く針金のような身体であった。

蜷川幸雄演出の『ハムレット』は初演の階段状の装置で知られ、幕切れ、階段をよじのぼろうとする廷臣達を描き出してきた。権力構造を鮮やかに示した演出だが、二〇一二年のさいたまネクスト・シアターによる『ハムレット』では、ガラス張りの床を作り、地下の人々の動きを見せていた。上方への一方的な権力構造を破壊して見せたのである。今回の演出ではフォーティンブラスを上方には置くが、あまりにも危うい木造の長屋の二階にすぎない。そのガラス戸のなかで、最速のインターネット環境で世界とつながっている内向的な青年の姿が浮かび上がってきた。サイバーネットの社会は現実のものとなった。彼らが世界を変えるのか。変えるとすれば、それは肉体の暴力ではなく、情報戦のかたちをとるのだろうか。示唆に富んだ幕切れは、おそらくだれも予想できなかったろう」

本稿を書き継いでいた二〇一六年十月二十二日、平幹二朗の訃報が伝えられた。蜷川の逝去から五ヶ月あまりで、平もまたこの世を去った。通夜と告別式は、蜷川と同じ青山葬儀所で行われた。少し早めに行ったので、会場で平の写真が飾られた祭壇と三十分ほども静かな時間をともにできた。平は蜷川にとってもっとも大切な俳優であったのは間違いない。私は蜷川の葬儀で読んだ平の弔辞を思い出していた。朗々たる声で葬送の言葉が会場を満たしていった。

「とうとうこのときが来てしまいました。『ハムレット』の稽古初日にやせ細って車椅子に座るあなたの声の弱々しさに胸が震えました。でも、だんだん稽古が積み重なって、そのうちにとても大きな声でどなり散らすあなたの姿に、パワーがよみがえってきているのかなと、うれしく思っていたのに」

平はなぜか言葉に感傷を込めなかった。なぜだろうと私は考えながら言葉にひたすら耳を傾けていた。

「薄れゆく記憶を呼び戻せば、芝居で出会ったのはあなたが四十歳、僕が四十二歳。三島由紀夫『卒塔婆小町』の九十九歳の老女を僕が演じたときでした。千穐楽が近づいたとき、この人とは長くつきあうことになるだろうなという予感がしました。事実、それから四十年、まあ、不本意なブランクの十年もありましたが『王女メディア』『近松心中物語』『タンゴ・冬の終わりに』『テンペスト』『リア王』などなど、あなたと四ツに組んだ十七本の芝居、僕の宝です。充実した演劇人生を生きることができました。本当にありがとう」

蜷川は俳優が感情過多になり、自己陶酔に陥るのを嫌った。繰り返し演じた『近松心中物語』が、歌舞伎へのコンプレックスに傾いたとき、蜷川は遠慮なく平を批判した。そんな断片的な記憶が私の頭をよぎった。

不本意なブランクとは、一九八七年に肺がんの手術を受けたが、平は病名を公表せず、『王女メディア』を降板した事件を指す。十年が過ぎた。テレビで病気の詳細を語ったのを知って、蜷川の誤解が解け、関係が修復した。ふたりは、またしても九八年の『王女メディア』で再会した。

平は少し恨みを込めて続けた。


「でもあなたは一度も僕の演技を褒めてはくれませんでしたね。シャイなのだということはわかっていましたが、僕はなんとかしてあなたから褒め言葉を引き出したくて、熱演に熱演を続けました。肺を痛めてしまうまで。本当はもう少し理知的に演じればよかったのかもしれません。でも、あなたの中の怒りと熱情に突き動かされ、僕の中のほむらが燃え上がってしまうのです。その火はまだ消えてはいません。あなたがいなくなった後、このマグマを誰に受け止めてもらうのか。まるでシャーロック・ホームズに死なれたワトソンのように途方に暮れています。ドラマのシャーロックのように生き返ってほしい。

でも今は、あなたの怒りと熱情を安らげてください。さようならはいいません。『タンゴ・冬の終わりに』のなかの一節を捧げます。

僕らはまた、近いうちに再会する」

二一　栄誉と芸術監督

『身毒丸』――一九九五年冬

時代は再び過去へさかのぼり、一九九五年の冬となる。六十歳となった蜷川幸雄に、栄誉が次々ともたらされていった。のちに国から贈られた文化功労者(二〇〇四年)、文化勲章(二〇一〇年)は、現代演劇の演出家としてははじめての栄誉であった。

また、蜷川は何より現役であることにこだわっていたから、政府による栄誉とともに、演劇賞を受けることをよろこんでいたように思う。一九九六年には、読売演劇大賞最優秀演出家賞が贈られた。賞の対象となったのは、前年に彩の国さいたま芸術劇場で初演された寺山修司の『身毒丸』と先に書いた『夏の夜の夢』そして『近松心中物語』『1996・待つ』であった。スランプ時代から一転して上げ潮となったのである。

『身毒丸』の製作には、ホリプロと、演劇書を刊行していた劇書房の笹部博司がプロデュースとして名を連ねている。ホリプロのエグゼクティブプロデューサー金森美彌子は、これ以降の蜷川の公演で大きな役割を果たしていく。特にその後、主にロンドンで行われた大規模な人員構成の海外公演を開催するにあたって、ホリプロの資金力、信用力が大きな力となったのは想像にかたくない。

さらには、九八年に彩の国さいたま芸術劇場の「彩の国シェイクスピア・シリーズ」の芸術監督に蜷川が就任し、シェイクスピアの全作品を手がけるとの宣言がなされた。この委員会には、金森も、ロンドンのプロデューサー、セルマ・ホルトも加わっていた。郊外にあるがゆえに舞台実寸の稽古場に恵まれたこの劇場を拠点として、『ロミオとジュリエット』や『マクベス』のような有名作品にとどまらずシェイクスピアが次々と上演され、ロンドンを中心とした海外に展開していく道筋が作られた。

また翌一九九九年には、渋谷にあるBunkamuraシアターコクーンの芸術監督にもあわせて就任している。ひとりの演出家がふたつの劇場の芸術監督を兼ねるのは、きわめて異例だが、それを異例とも思わせないだけの強い存在感をこの時期からの蜷川はそなえていた。これらの劇場には、いずれも専任の制作スタッフがいる。つまり劇場主体による公演が自在に打てる。まして、劇場付きの芸術監督は、稽古場の使用はもとより、舞台稽古をゆったり取ることもできる。自分自身の演出のみならず、年間レパートリーの作成にもかかわる。このふたつの拠点を手に入れたことによって、蜷川は現代演劇の世界で、かつてない権力を手中にしたのだった。

栄誉を数え上げればきりがないが、一九九九年には、朝日賞、毎日芸術賞、松尾芸能賞。二〇〇〇年には、紀伊國屋演劇賞個人賞（『グリークス』の演出）、読売演劇大賞の大賞・最優秀作品賞（『グリークス』）と最優秀演出家賞（『グリークス』『テンペスト』の演出）といった数々の賞を受けた。長いスランプの時期から抜け出した実感が本人にもあったろうし、周囲も蜷川演出の好調さを認識していた。

蜷川に、時代の風もあるのでしょうかと訊ねてみた。

「それももちろんあるでしょうし、自分に刺激を与えてくれる人間たち、それから自分と違う感性で企画を持ってきてくれる人も重要ですね。たとえば、だれか他の演出家に断られたのかもしれないけど、九五年にプロデューサーの笹部博司さんと金森美彌子さんが『身毒丸』をやってみないかと、言って来てくれたんです。まさか、寺山さんの戯曲をやるとは、僕自身が思わなかったわけですし、そういう人間との出会いも絡んでくるんですよね。

考えてもいなかった戯曲《ほん》をやらないかと言われても、折口信夫だとか柳田國男だとかを勉強していたことで、接点が見つかる。寺山さんも折口さんを読んで「俊徳丸」を「身毒丸」と当て字したんだろうなと思うと、やってみようかという気になる。のたうって勉強してきたことが、多分、どこかで生きてくるんだろうと思います」（『演出術』）

商業演劇へ行ったアングラ演出家というレッテルは、もう過去のものとなっていた。

二二　藤原竜也十四歳の出現

『身毒丸』——一九九七年春

『身毒丸』は、一九九五年の十二月、武田真治の身毒丸、白石加代子の撫子によって蜷川演出の初演が行われている。ところが、九七年の再演ではキャストが急遽変更になった。全国的なオーディションが行われ、豊島区池袋でスカウトされた弱冠十四歳の藤原竜也を主役にすえて、十月のロンドン公演を行うことになった。十五歳になった藤原はまったくの新人でありながら、ロンドンのバービカン劇場でデビューしたのだった。

芸能プロダクションの売り出し戦略といってしまえばそれまでだが、こうした無謀ともいえる挑戦にふさわしいだけの器量を、十代の藤原竜也が備えていたのは確かだった。

このときの記録は、ドキュメンタリー映像のかたちで今も見ることができる。『身毒丸　復活』(二

〇〇八年　ホリプロ）は、二枚組みのＤＶＤだが、二〇〇八年四月八日、彩の国さいたま芸術劇場で収録された本編の映像のほかに、『藤原竜也＝身毒丸と呼ばれた少年の10年』には、九七年五月五日、五五三七人からオーディションの末、藤原が選ばれた直後の蜷川、藤原、白石のコメントが残っている。

蜷川は、「得がたい才能だよね。彼は演技者として稀な才能だと思いましたけど、どれだけいうと、どれだけできるのかなあ、理解できるのだろうかなと。ダメ出しをしても、どれだけできるのか。ぜんぶできて、すごいなあと思いました」と話す。

やや、文脈が乱れているが、それほど奇跡的な才能の発見に心が躍っているのがわかる。共演者にあたる白石加代子も同様で、「なんでもできちゃうからね。こんな人と会ったのは、初めてですからわくわくします」といっている。鈴木忠志、蜷川の厳しい稽古に耐えてきた白石の一言には重みがあった。

断片的ではあるがオーディションの様子が収録されている。ここで藤原は、まったく演技経験がないとは思えない出来であった。十四歳の藤原はまだ幼い顔立ちをしているが、おそらくは極度の緊張状態にあるにもかかわらず、まったく動じた気配を見せない。ダメ出しを受けて瞬時に演技を修正したのに、思いつきのようには思えず、その芝居は確信に満ちていた。

『身毒丸』は、説経節を源流としている。歌舞伎には『摂州合邦辻』があり、俊徳丸伝説を下敷きにして、継母から子に仕掛けた恋を扱っている。『身毒丸』は寺山修司が主宰した劇団天井桟敷出身の劇作家岸田理生が改訂した上演台本が使われた。蜷川は、宮川彬良の音楽を得て、アングラ劇の枠組みを超えた九十年代の音楽劇として『身毒丸』を演出した。

歌舞伎の『摂州合邦辻』では、継母玉手御前の俊徳丸への愛が、見せかけの恋なのか真実の恋なのかが演じる上での解釈として問題になる。この『身毒丸』では、継母撫子が遠慮をしつつ子身毒丸の思いを気遣う、そして継母に対する憎悪が次第に熱烈な愛情に変わっていく。その過程が丁寧に描かれて、寺山世界は本人自身の演出に倣うべきとの固定観念を打ち破る舞台だった。

一九九八年の六月、彩の国さいたま芸術劇場で見た本番では、舞台天井に何台ものグラインダーを持った男がいて、不吉な火花を散らしていた。そんな幕開きにどぎもを抜かれた。やがて、不気味な仮面を売る屋台、動物の仮面をつけた男女が現れ、闇を歩く。母を売る店では、さまざまな女たちが「母」と文字で書かれた仮面をつけている。連れ合いを失った父は、俊徳丸にこのなかから新しい母を選ぶようにという。この冒頭の一連の動きは、昭和初期の日本、東北の土着的な風俗を匂わせる寺山修司の意匠を借りつつも、動きのあるダイナミックな演出で、藤原竜也の危うい魅力を最大限に引き出していた。

藤原の演技は、実の父によって買われた継母が、家に入ったときの戦慄がすぐれている。仏壇に祈り、亡き実母の姫鏡台を奪われたときの怒り、激しい勢いで奪い返すくだりに瞬発力を感じた。台詞にリアリティがあるだけではない。内面の怒りが湧き上がるようだった。大変な新人が出現したと驚いたのを覚えている。

蜷川はこの後も藤原竜也を重用する。シェイクスピアばかりではない。『唐版　滝の白糸』(二〇〇〇年)、『近代能楽集　弱法師』(〇〇～〇一年)、『ハムレット』(〇三年)、『ロミオとジュリエット』(〇四～〇五年)、『天保十二年のシェイクスピア』(〇五年)、『オレステス』(〇六年)、『ムサシ』(〇九年)、『下谷万年町物語』『日の浦姫物語』(一二年)、『ジュリアス・シーザー』(一四年)、『ハムレット』(一五年)と十二に及ぶ。蜷川の藤原に対する稽古場でのダメ出しは熾烈を極めたが、同じ場にいる俳優、スタッフだれもが、蜷川が藤原を溺愛しているのをわかっていた。

藤原自身がインタビューで語る蜷川のダメ出しはすさまじい。「内容のない言葉を出すな」「ただ台詞をしゃべるな。伝えろ」「内面に向かって、自分と会話しろ」。

藤原は蜷川の葬儀で、「「その涙は嘘っぱちだよ」と怒られそうですけど」から始まるいささか異様な弔辞を読むことになる。

「五月十一日、病室でお会いした時間が最後になってしまうとは、ごめんなさい。本当に申し訳ないです。

先日ね、公園で一人、『ハムレット』の稽古の録音テープを聞き返してみましたよ。恐ろしいほどのダメ出しの数でした。瞬間にして心が折れました。「俺のダメ出しで、おまえに伝えたことはほぼ言った。今はすべてわかろうとしなくてもいい。いずれ理解できる時が来るからと。そしたら少しは楽になるから。アジアの小さな島国の、ちっちゃい俳優になるなと。もっと苦しめ、泥水に顔を突っ込んで、もがいて、苦しんで、本当にどうしようもなくなったときに手をあげろ。その手を必ず俺が引っ張ってやるから」と。蜷川さん、そう言っていましたよ。

蜷川さん、悔しいでしょう、悔しくて泣けてくるでしょう。僕らも同じですよ。もっと一緒に居たかったし、仕事もしたかった。たくさんの先輩方、同志の方々がたくさん来ていますね。蜷川さんからの直接の声は、もう心の中でしか聞けませんけれども、蜷川さんの思いをここにいる皆でしっかりと受け継いで頑張っていきたいと思います。

気を抜いたら、バカな仕事をしていたら、怒ってください。一九九七年、蜷川さん、あなたが僕を産みました。奇しくも昨日は僕の誕生日でした。十九年間、苦しくも……、まぁほぼ憎しみでしかないですけど、蜷川さんに対しては。本当に最高の演劇人生をありがとうございました。蜷川さん、それじゃあまた」

この鮮烈な言葉を藤原竜也は、声を震わせることなく、毅然としたままで、言い切った。

共演する機会のあった木場勝己に藤原竜也について訊ねた。

「中学生からはじまって今、三十越したかな。一番成功した例が竜也君だと思います。あいつは蜷川さんに向かって行って、自分で作っていく資質だったのでよかったんでしょう。弔辞のときに「憎しみの方が」といえるのはよほど愛されていた自信があるんでしょう。そう思います。『天保』のときに先輩俳優たちが竜也に細かい演技指導をし始めたら、振り払って「俺は蜷川さんしか信じないから」って突っぱねたのを見たことがあります。だからあいつの弔辞も、嘘だと全然思わないからいいんじゃないかな」

木場はともかくも、稽古場にいる同世代の俳優は、蜷川の痛烈なダメ出しを受ける藤原竜也を、どれほどうらやましく思ったことだろう。演出家が俳優を作り、俳優が演出家を鼓舞する。そんな理想的な関係がふたりにはあった。

二三　野田秀樹作品に挑む

『パンドラの鐘』――一九九九年冬

たびたび引用してきた『演出術』の取材をはじめたのは、一九九九年二月『リチャード三世』の稽古場からである。二〇〇一年の六月まで、二年半余りのあいだ稽古場に通った頃が今でも忘れられない。まず、稽古も半ばを過ぎてから稽古場を訪れ、稽古を見学して終了後、インタビューとなる。それればかりではない。多くの場合、初日の幕があいてから、再度、上演中に話を追加した。九九年は八本の演出作品がある。二月『近松心中物語』、シェイクスピアの『リチャード三世』。続く三月は『元禄港歌』の再演とチェーホフの『かもめ』、六月、清水邦夫の『血の婚礼』、九月はナイジェル・ホーソンら英国のキャストを彩の国さいたま芸術劇場に迎えた『リア王』、十月『王女メディア』、十一月、野田秀樹の『パンドラの鐘』と続いている。

蜷川はこの年、六十四歳。私は十二月に四十三歳になっていた。

当時の私は、時間とエネルギーだけは余っていたから、取材のときだけではなく、なにかと稽古場へ通った。そこで見知ったこと、考えたことが今の私を作っている。

メインキャストばかりではない。蜷川はアンサンブルを大切にして、必ず名前で呼んだ。演出部の入ったばかりの新人にまで、神経を届かせている。統計をとったわけではないが、新人でも三日、蜷川から何かしら声を掛けられないなどということはない。稽古場にいる人間全体で演劇は作られる。だれもが大切な役割を果たしているのだと信じさせてくれた。

反対にいえば、無関心ほど恐ろしい刑罰はない。蜷川は稽古場にいるすべての人間に神経を配ることで、刃をつきつけているのかもしれないとも思った。稽古場はちりちりと神経が逆立つ場でもあった。まさしく修羅であった。


蜷川は一九九九年十一月にシアターコクーンで野田秀樹作『パンドラの鐘』の幕を開けた。ほぼ同時に野田も同じ作品を自分自身の演出で世田谷パブリックシアターで上演した。この時期、私は文藝春秋の文芸誌「文學界」に寄稿していたので、この『パンドラの鐘』の戯曲が掲載される同じ号に、劇評を書いてはどうかと編集長の細井秀雄から依頼を受けた。

初日から四日後には、四百字詰め原稿用紙四十枚の劇評を入稿しなければならない条件だったが、上演中に長文の劇評が『パンドラの鐘』の戯曲と同時に雑誌に載るのは稀で、依頼を嬉しく思った。

そんな離れ業が可能だったのは、活字中心の文芸誌ならではのことだった。入稿して翌々日には校了、四日後には書店に並んでいた。蜷川、野田の同時演出が話題だったが、私はごく当然のように野田演出の舞台に紙幅を費やした。野田戯曲の演出は、蜷川ならずとも本人以外には存外難しい。どちらがいいと優劣をつけるつもりはないが、戯曲の解読には野田演出のほうがやりやすいのも事実だった。私は野田に四十枚を費やしたのちに、劇評の末尾にこう書き加えた。

「付記　なお、同時期に、蜷川幸雄演出による同作品が、全く別のキャスト・スタッフによって、一九九九年十二月二十三日までＢｕｎｋａｍｕｒａシアターコクーンで上演された。ヒメ女は大竹しのぶ、ミズヲは勝村政信。現代作家の戯曲が、ふたりの演出家の手によって同時期に舞台にのった例は、これまでほとんど見あたらない。当然のことながら、蜷川演出は、野田演出とは、演技スタイルにおいても、全く方向を異にしているが、女性性に希望を託す劇作の核心は、大竹の力量によって明確に伝わってきた。また、野田作品がリアリズムの演出手法によって、近代劇としても上演できると証明して見せたことで大きな意味を持った」(長谷部浩「白い雲」『野田秀樹の演劇』二〇一四年　河出書房新社)

原稿用紙一枚にも満たない付記で片付けられては、怒るのも当然だろう。けれど、蜷川は直接的には私に抗議したりはしなかった。そのかわりに『演出術』のインタビューの折に、野田の演劇に対して、冷ややかにそして痛烈に批判したのである。たとえば、こうである。

「野田はワークショップに頼りすぎだと思いますね。俳優にだって、ワークショップに来る人種と、絶対に来ない人種があると思うんですよ。僕にいわせりゃあ、ワークショップには、相当な恥知らずじゃないと行けないですよ。そうなると来ない俳優は使えないでしょう」(『演出術』)

大変な剣幕である。しかも、さらに野田の盟友、英国の演出家サイモン・マクバーニーを例にあげて批判を続けている。

「サイモン・マクバーニーのワークショップは、多分もっとはるかにノイジーでしょう。舞台を見ればわかりますよ、さすらいの民のばりばりの一軍が舞台に上がっている、さまざまな人生の実りがくっついて出てきて、俳優が暗闇に立つと、放浪する人々の匂いが立つじゃないですか。野田の舞台にその匂いがあるかっていうと、それはないですよ。マクバーニーは世界性を持つけれども、野田の今のやり方だったら世界性を持たない。そこに、俺は苛立っているわけです。大人になれっていう言い方じゃなくて、もっと違う感性を平気で取り入れなきゃだめだ。「難敵と一緒に仕事しろ、仲間内で酒飲むな」って言っているわけです。交友関係にあまり信頼を置かない方が、僕はいいと思うんだけどな。いずれ野田は年に何本も書けなくなってくるでしょう。時代の変遷を経験していかなければいけなくなってくる。年齢と、世界を捕まえることがどれだけ困難であるかを考えていくと、そのときに自己解体を恐れない姿勢が、ものすごく大事なことになってくる。「ぼろぼろになったって、失う物は失ったっていいじゃないか」と言いたい。そういう果敢な冒険をやったらいいんです」(『演出術』)

今読むと、野田が進むべき方向を示した誠実な忠告のようにも読める。『パンドラの鐘』は野田中期の傑作で、原爆投下を通して、昭和天皇の戦争責任を問うている。

野田は近年、昭和史のなかの重要な事件を取り上げ、独自の視点で日本人批判を繰り返している。満州問題と細菌兵器を題材とした『エッグ』(二〇一二年初演)などノイジーな世界を展開している。この作品はパリのシャイヨー宮にある劇場でも上演された。蜷川が近年の野田についてどう思っていたか、聞いておかなかったのが悔いとなっている。

私の『パンドラの鐘』の取り上げ方が公平性を欠いていたのは確かである。また、それとともに、蜷川が「大人げない人」であったのも事実だろう。後年、世間的な名声をどれほど得ようとも、安住したりはしなかった。それどころか、スタッフもキャストも、すべては自分のためにあると思っていた。強烈な独占欲を感じることもあった。

それは圧倒的な権力を掌握した人間が持つ特性でもあろう。また、異能の芸術家であるためには、偏執的なこだわりが必要なのも事実だろう。無名の者への優しさと才能ある人間に対する嫉妬が、蜷川には共存していたと思う。

「演技スタイルの根拠が、野田さん自身の俳優としての身体にあることも、そこには関わっているのでしょうか」とする私の質問に対して、蜷川は野田の演技批判にまで進み、こう締めくくっている。

「たとえば、俳優が担っている、人間固有の表現が、野田の芝居のなかでは許容されていないように僕には見える。AがやってもBがやっても本当に差異があるんだろうか？　それからあの演技には、人間が老いていくことの厳しさが、組み込まれていないと思うんです。

野田がね、前近代的な匂いを持つ何かから逃れたい、心理主義の罠にはまっていった新劇から遠くありたいっていう考えは十分わかりますよ。でもね、野田の詩的な言葉は僕も好きだけれど、好きだからといって、ただそれだけが目立ってしまうのは嫌なんです。だから、俺は『パンドラの鐘』で、台詞を汚すような演出をしたかったんですよ、詩的な美しい言葉は、汚い現実のなかから立ち上がってくるところに価値があるんです」（『演出術』）

これは蜷川自身が、自分に課している課題のようにも読める。自戒とも読める言葉だった。

蜷川の通夜の席では、野田と私は隣合わせに座った。

私が野田に「身体を大事にしてくださいよ。子供が小さいんだから」というと、野田は「蜷川さんの年齢までまだ二十年あるよ」と応えた。

蜷川幸雄と野田秀樹は、両輪となって演劇界を牽引してきた。ライバルというには、年齢が違いすぎるが、お互いがお互いを意識していたのは事実だろうと思う。芸術性と大衆性、つまりは作品の実質を保ちながらも、観客で劇場を満員にする離れ業を長年持続できたのは、ふたりしかいない。お互いの間に、そんな了解と尊敬があった。

この稿がほぼ出来上がった頃、別の用事で野田秀樹と会う機会があった。蜷川について話を向けると、笑顔で応えた。

「「おまえには嫉妬する」っていってくれたのは嬉しかったですね。なにしろ、蜷川さんは、十六歳で『ぼくらが非情の大河をくだる時』を観てからのスターですからね。

『TABOO』の頃だったかな、作品としての評価は高くなかったけれど、蜷川さんがもの凄い舞台だといってくれました」

蜷川は極度の照れ屋だったから、心のなかでそう思っていても、直接本人に賞賛の言葉を捧げたのは、きわめてめずらしい。

二四　国が倒れるすさまじい音

『グリークス』――二〇〇〇年夏

蜷川の演出作品でただ一本、記憶に残る舞台をあげよといわれたならば、『グリークス』を選ぶ。ジョン・バートンとケネス・カヴァンダーはエウリピデスの作品を中心として、十本のギリシア悲劇を再構成した上演台本を作り上げた。ギリシア軍が千艘の船を浮かべ、トロイアへと船出する晴れがましい出陣から、トロイアの国がギリシア軍によって滅ぼされ、女たちが奴隷となるまで。歴史的な時間軸に沿って、別々に書かれたギリシア悲劇を並べ直し、簡潔に書き改めている。それでも上演時間は十時間余り。三夜連続もしくは一日の通しで上演された。

蜷川はまず、この作品のために、日本の演劇界のさまざまなジャンルから才能を結集した。平幹二朗、渡辺美佐子は新劇、尾上菊之助は歌舞伎。宝塚から麻実れい、安寿ミラ、久世星佳、小劇場から白石加代子、プロデュース公演の舞台で活躍する寺島しのぶ、南果歩、中嶋朋子、宮本裕子と、今思えば、当時の代表的な女優が網羅されているとわかる。

ヘカベ(渡辺)、クリュタイムネストラ(白石)、エレクトラ(寺島)、ヘレネ(安寿)らの綺羅星のような主役たちは、出番を終えると舞台から去って行く。それに対して、歴史の渦にのみこまれず、永遠の生命を受けたかのように生き延びるのはコロスなのであった。

蜷川はコロスについてこう語っている。

「悲劇に限らずギリシア劇は、結局コロスをどう扱うかが、その演出家の世界観なり演劇観を示す一番の鏡だと思うんです。(中略)どこかで僕は人間が持っている全体をつかまえたい。あるいは全体を使いたいんだと思っています。演劇固有の表現があるとしたら、身体が固有に発する表現であるはずです。文学でもなければダンスでもない、演劇の中の身体としか呼べない何かがあるのなら、それが全部欲しい。演劇の中の身体を考えたときに、コロスはその代表としてあると思う。コロスですべてができるはずだと思う」(『演出術』)

『グリークス』の舞台は、この言葉を裏切らなかった。渾身の舞台が大阪で大千穐楽を迎えた夜。最後の舞台が始まる前に、蜷川が演出補の井上尊晶に小さな声で「(こんな壮大な作品を演出してしまって)これからどうしようか」と客席後方の照明卓のあたりで話しかけていたのを思い出す。

『グリークス』第一部「戦争」より　2000年　Bunkamuraシアターコクーン
撮影　谷古宇正彦

蜷川がコロスを使うのは、もちろん『グリークス』がはじめてではない。市川染五郎(現・九代目松本幸四郎)主演の『オイディプス王』(一九七六年)、平幹二朗のメディアによる『王女メディア』の初演(七八年)では、コロスはすべて男性俳優によって演じられた。後年、野村萬斎主演で『オイディプス王』がふたたび演出されたときも、コロスは全員男性であった。

しかし、『グリークス』では、コロスはすべて女優を配役した。立石涼子、市川夏江、山口夏穂、蓬莱照子、松谷彼哉、難波真奈美、山口詩史、太田馨子、水戸野雅代、栗田めぐみ、南波圭、稲葉千立、松坂早苗を中心に演じられ、部分的には渡辺美佐子、久世星佳、川本絢子が加わった。

シアターコクーンは、シューボックス型の劇場である。プロセニアムアーチによって舞台と客席が隔てられている。蜷川は『グリークス』のために劇場全体を大改造した。長方形の主舞台を挟み込むように、前後にスタジアム状の客席が組まれていた。主舞台で「主役たち」のドラマが進行するとき、コロスは二手に分かれて、主舞台両側の階段下に身をかがめて事態の成り行きを眺めていた。あたかもコロスは私たちの代表者、観察者として舞台にあったのである。

劇が進むうちに、私はコロスの姿に次第に強くひかれていった。ただ見詰めることでしか歴史と関われなかった女性たち、その怨念が背中から読み取れたのである。それはただ観察することでしかドラマと関わることのできない観客の似姿でもあった。

印象深い場面がある。

第一部の末尾『トロイアの女たち』の冒頭、舞台の上方から緋色の太い綱が十二本垂れ下がっていた。その先にコロスたちは後ろ手に縛られている。顔は汚れ、頭を垂れている。足首もまた鎖で繋がれている。彼女たちのうめき声が地鳴りのように響く。アキレウスの死と引き替えにトロイアの都は陥落した。王族も市民も等しく奴隷となって、この綱に繋がれている。彼女たちは家族を失い、失意のうちにこころを閉ざしている。

コロスたちは「国が倒れるのが聞こえたわ」と語る。国が倒れるときにすさまじい音が聞こえる。よりどころになる故郷が音を立てて崩れていく様子を彼女たちは体感した。王妃ヘカベの呪いに満ちた哀しみから、コロスの悲嘆へと劇の重心が移っていくとき、私は歴史の真実にふれたように思った。

蜷川は『グリークス』の公演を終えた直後、私の質問にこう答えている。

――女性は自然の根元的な力と深く結び合っているという主題と深く重なり合って、『グリークス』は、女性賛歌の演出になっていますね。

そうなんです。はじめに戯曲を読んだときは、それがわからなかったんですよ。稽古をやってみたら、ここまで女性賛歌なのかと思った。ここにはさまざまな男と女の形態があるし、しかも男女の関係が相対的にちゃんと描かれている。それだけに単純な賛美の物語ではないけれども「女たちが歴史を持続させたんだよな」と思わせられるところがたくさんあります。『トロイアの女たち』の終わりぐらいに稽古がさしかかったとき「何だ、こういうことだったんだ」と思ったんですね。

――男は自分の仕事を個人の人生の中で完結させて考えるのに、女の人は前と後ろの世代につないでいる……。その力があるのかもしれませんね。

ある時代には、女性たちのところへ中心が行くんです。それは間違いのない事実だと思う（『演出術』）

このインタビューを行ったときは、とっさに聞き直すことができなかったが、蜷川が言う「ある時代」とはどんな時代だろうか。『トロイアの女たち』を参照すると、国そのものが滅ぶとき、そんな徹底的な破壊によって国が焦土と化すとき。人々のすさまじい嘆きが響き渡る時代をさしているように思える。初演の時点、二十世紀が戦争の世紀であるという認識はあった。けれども、二十一世紀がテロが世界中で連鎖するように勃発する時代になるとは思ってもいなかった。

また、社会背景によって演出の見え方が変わっていくのは確かだとしても、観客を感動させるのは、現実との関わりだけではないとも思う。普遍的な人間のありかたをいかに描いたかで演出の価値が決まる。時間の流れが教えてくれるのは、普遍的な価値なのだろう。

思い出話をしるせば、一ヶ月半にわたる『グリークス』の稽古場に私は毎日通った。インタビューを重ねるだけでは、一冊の本を書くのに不十分だと思ったからである。

才能を結集しただけに、出身も違えば演技スタイルも違う。その調整を行うのが蜷川の仕事となったが、無理に統一するのではなく、それぞれの個性を生かす演出振りが印象に残った。

また、稽古の前半は、コクーンの稽古場、後半は彩の国さいたま芸術劇場の大稽古場で行われたが、前半、急に蜷川が、コロスたちに足かせをつけたいと口にした。スタッフが走った。およそ二時間後には、全員分の足かせが仮のものではあるが、出来上がってきたのには驚かされた。

普通のカンパニーであれば、演出家が指示した小道具が用意されるのは、まあ、三日後くらいが普通だろうと思う。演出家のアイデアを、即日生かすために演出部は全力を尽くしていた。

稽古も終わりになった頃、女優の渡辺美佐子が私に言った。「毎日通われたら、何を書かれても仕方ないわね」。渡辺は、この『演出術』について、というよりは劇評家として書く『グリークス』の劇評を念頭に置いていたのだろうと思う。この一言がなぜかうれしかったのをよく覚えている。

ロンドンの劇評家、マイケル・ビリントンの劇評集のタイトルは「One Night Stands」(一九九四年)

である。このタイトルは娼婦を指す慣用句だが、一晩だけ芝居を観て、その日のうちに劇評を書かなければならない評論家のありかたを風刺している。

この時点で私は劇評家になってから十五年ほどだったが、一晩の観劇で劇評を生み出さなければならない評論家の仕事に疑問を持っていたからこそ、『グリークス』の稽古場に毎日通ったのかもしれない。

とはいえ、一九九九年の四月から私は「日本経済新聞」で現代演劇の劇評を連載していた。演出家の孤独とは、比べようもないが、公演期間中に短評を書くことの責任を重く感じるようになった。

頼るべきものはなにもなく、ただ自分の考えを信じ抜くしかない。私はその確信の持ち方を蜷川の稽古場から学んだ。

二五　ベトナム戦争の悪夢

『マクベス』——二〇〇一年冬

俳優を中心とした傑作を、蜷川が立て続けに発表する時期がやってきた。

たとえば二〇〇一年に演出しなおされた『マクベス』がある。すでに世界で絶賛をあびた『NINAGAWAマクベス』を蜷川は自分自身で演出しなおしてみせた。舞台はもはや巨大な仏壇ではなかった。仏壇の扉を開き、にぎりめしを食べ、権力者たちの陰惨な闘いをなかばまどろみながら見詰めていた老婆たちは姿を消した。

そのかわりに現れたのは、巨大なシャンデリアと舞台全面を覆う鏡であった。床面には、枯れてしおれた蓮が群生しているが、鏡の効果によって、荒涼とした冬の蓮池が果てしなく続いているように見える。銃声、砲声、ヘリコプターの爆音が轟くなか、兵士たちは血みどろの戦闘を繰り返している。

舞台が指し示すのは、中世のスコットランドでもなければ、戦国時代の日本でもない。ベトナム戦争の悪夢を引きずる現代のアジアなのであった。この冒頭のシーンは、二十世紀はまさしく戦争の世紀だったと告げていた。

マクベスには唐沢寿明、マクベス夫人には大竹しのぶを配していた。『NINAGAWAマクベス』が平幹二朗、栗原小巻の熱演によって支えられていたとすれば、ここではナチュラルで、しかも速度感ある演技が舞台を駆け抜けた。マクベスはあたかも現代の先端企業のエグゼクティブのようで、厭世的な身振りとは無縁だ。マクベス夫人もまた、主君の国王殺しに逡巡する夫をひたすら叱咤激励したりするが怒りは薄い。高圧的な権力志向は認められない。マクベスはマクベス夫人が無邪気に喜ぶ顔が見たさに、ダンカン王の殺害に踏み切ってしまったかのようだった。

キャストの一新と演技スタイルの見直しによって、マクベス夫妻は等身大の人間に置き換えられた。等身大というのは、シェイクスピアを矮小化したといっているわけではない。ふたりが国王夫妻となってから、ますます新演出の清新が際立っていた。ふたりは眠りを奪われてはいるけれども、血なまぐさい匂いにとらわれすぎてはいない。たとえば、大統領夫人がまさしくファーストレディとして政治の一翼を担うように、この『マクベス』の大竹しのぶは、夫と対等の立場でいる。夫の権力をかさにきるのではなく、自分自身の魅力をふりまいて家臣たちに接する国王夫人として現れたのであった。ふたりの関係は、世界一の権力者であった米国のクリントン大統領とヒラリー夫人を思い起こさせた。ヒラリーは、女性はじめての有力な大統領候補として出馬し、共和党のトランプに敗れる結末になったのはいうまでもない。

「今まで、多くの舞台で大群衆を使ったり、『NINAGAWAマクベス』なら仏壇や老婆を使ったりして、ある種の民衆像を差し出してきたのは、大衆的な時間の流れの中に古典的な作品を置くことで、現代との接点を作ろうとしてきたからです。それがヨーロッパ演劇に対抗するための方法だった。ただ、この頃思うのは、そういう図式は強く描かないでも、いいのではないかということなんです。たとえばヨーロッパ演劇に対するコンプレックスなんてどこにもない唐沢さんや大竹さんたちの演技を見ていると、既に現在という時間が彼らの身体に入っている。俺が余計なことをしなくても、彼らは、自分たちの言葉としてシェイクスピアをしゃべってしまっているのだから、それで充分なんじゃないかと思います」(『演出術』)

その意味でマクベス夫人は、蜷川演出と大竹しのぶの力によって現代に再生したのだった。新しい女性像の提示ともなっていた。それは単なる演技スタイルの変遷ではない。演出家が、いやおうもなく、新しい世代の俳優と向き合うことによって、新演出が生まれたのだとわかった。

そして、『NINAGAWAマクベス』と新演出の『マクベス』では、蜷川が持つ権力像に大きな変化があった。『NINAGAWAマクベス』では、中世的封建君主の範疇にあるために、主君を殺し、王権を収奪したマクベスの悩みは、あくまで一神教の神に向かっていたように思う。ところが、新演出の『マクベス』では、権力とは大統領にもコントロールしがたい軍産共同体であるように思われた。マクベス夫妻は、その強大な力のなかで自らの小さな権力を守ろうとする矮小化された政治家夫婦に見えてきた。中世の闇は、明るい街灯によって清潔になった。けれども、もはや人間がすべてを掌握できない時代が到来しつつある。蜷川の演出はそう告げていた。

『千のナイフ、千の目』に、「演出家の孤独」と題したエッセイがある。

蜷川は初日が終わったのちの孤独について書いている。「俳優たちは肉体を酷使したあとだから、熱い興奮に身体をほてらせて、お疲れさまのビールを飲みほすと、街へ祝杯をあげにくりだすんだ。俺？　俺はひとりホテルへ帰るんだよ」と言っている。キャストばかりではない。スタッフもすべてがうまくいくことなどないから、蜷川は、酒を飲みながら演出家にダメ出しされたくないだろうと忖度して、一緒には行かないのだという。

清水邦夫の「それで蜷川はホテルでなにしてんだい」との問いに答えて、ホテルのベッドにひっくりかえって真白い天井を眺めていると言っている。

「俺はつくづく独りぼっちだと思うよ。たった一本の電話だってかかってこないぜ。まあ、これはいつものことで演出家というものの宿命かもしれないいな。

このごろの若いヤツは、年寄りをいたわってくれないからな、と清水邦夫はいった。もっとも誘われても俺は行かないけどな、とぼくはいった。演出家の前では俳優もスタッフも本当の自分をさらけだささないもんな。そういう場にいるとかえって気の毒になっちゃうんだよ。『マクベス』にこんなセリフがあるんだよ、覚えてるか。

「おれの人間は黄ばんだ枯れ葉になって風に散るのを待っている。それなのにどうだ、老年にはつきものの栄誉、敬愛、服従、良き友人たちなどなに一つおれには期待できそうもない。そのかわりにあるのは、高くはないが深い呪詛の声、口先だけの敬意、追従だ。それをしりぞけたくともこの弱い心にそれはできぬ」

お前、今日は暗いな、わかるけどな、と清水邦夫はいった。ぼくのマブタには、ホテルの白い天井が浮かんできた。それはシミのようにぼくの心にもひろがってきた」(『千のナイフ、千の目』)

こうした感慨は演出家という職業を選んだときにはじまった。そしてその仕事が成功すればするほど深まって確信となった。おそらく最晩年、病室にいても、この白い天井のシミは消えなかっただろうと思う。

蜷川が繰り返し『マクベス』を演出したのは、この終幕にあるマクベスの台詞に魅せられていたかのように思えてきた。

二六　「蜷川イヤーズ」とレセプショニスト
『マクベス』――――二〇〇一年冬

二〇〇〇年から〇一年にかけて、彩の国さいたま芸術劇場では、「蜷川イヤーズ」と題して二年間で十二本の作品(演出作九本、監修作三本)が上演された。三島由紀夫の『近代能楽集』、『マクベス』、『ハムレット』がたて続けに舞台に上った。

のちに、国際交流基金の職員として、二〇一五年の村上春樹原作、蜷川演出の『海辺のカフカ』シンガポール公演に尽力した大島幸は、津田塾大学の学生だったがこの時期、彩の国さいたま芸術劇場のレセプショニストをしていた。劇場で切符のもぎりをしたり、席に案内するのが主な業務のアルバイトだった。

「はじめて劇場で説明を受けたときから、責任ある仕事なんだと思いました。生半可な気分ではできません。他の公演とは異なって、蜷川幸雄さんの舞台は、きわめて厳密です。

レセプショニストの仕事のなかでもっともむずかしいのは、開演時間に遅れてきたお客様の案内です。レセプショニストは、小さな懐中電灯の明かりをたよりに、他のお客様の邪魔にならないように、遅れてきたお客様を案内します。蜷川演出の場合は、客席の通路を花道のように使って俳優が通り抜ける場面が多々ありました。また、舞台が水を打ったように静かな場面でも、お客様を通路に通すことはできません。「案内してよいのは、この台詞からこの台詞まで」と厳密に決まっています。なかには二分三十秒でご案内し、自分自身がロビーに戻らなければいけない時間帯もあります。「絶対に失敗は許されない」。暗い客席にお客様をお連れする瞬間は、私自身も身が引き締まるような思いでした。舞台の厳しさを全身で学んだ瞬間でした。もし、しくじれば閉演後、舞台監督から厳しい注意を受けます。ロビーに面したドアと客席に面したドア、ふたつが同時に開いて、ロビーの光が劇場内部に流れ込むのは最悪の事態でした。もっとも手強かったのは、二〇〇一年の『マクベス』でした。なにしろステージと客席を隔てる幕が鏡張りで、客席案内をしている姿がばっちり映るという恐ろしい作品でした。二分半のご案内も『マクベス』です」

大島が入った頃は、レセプショニストは本番を垣間見るだけだった。そのうち舞台稽古(ゲネプロ)を見せてもらえるようになった。仕事の重要性が認められてのことだった。大島は、上演台本に音や照明のきっかけを書き込み、案内できる時間帯を判断していったのだという。

「私が隅のほうでそんな仕事をしていましたら、蜷川さんが「お嬢さん、お嬢さん、大事な仕事をしているんだから、そんな隅じゃなくて、もっと前においでよ」と演出席のそばに呼んでくださいました。舞台には本当に厳しい方でしたが、一方で全体にも目をくばっていらした。末端のスタッフまでお気遣いいただいたことに恐縮しつつ「ますます失敗できない」と、身が一層引き締まる思いをしたことが今でも思い出されます」

大島は、一六年には、『海辺のカフカ』に出演したキャストに依頼し、「村上春樹を『聴く』」コンサートを企画した。音楽と朗読を舞台に上げる試みだった。レセプショニストから国際交流基金の職員(取材当時)へ。めずらしい例だと思うが、蜷川の緻密な舞台は、こうした無名のスタッフが支えていたのは記憶にとどめておきたいと思う。

二七　大竹しのぶと寺島しのぶ。獰猛にして果敢な

『欲望という名の電車』――二〇〇二年春

二〇〇二年五月、テネシー・ウィリアムズの『欲望という名の電車』がシアターコクーンで上演された。ここでも俳優の演技が中心に置かれている。演出家の新解釈を見せる作品主義からの撤退ではない。ましてスターシステムへの回帰ではない。むしろ人気俳優を特権的な場所から引きずり下ろし、ひとりの人間存在として舞台に置いたときに何が見えてくるか。その挑発的な実験をさらに進化させたように思えたのだった。

『欲望という名の電車』の主役は、ブランチである。すでに文学座の杉村春子による決定的な名演がある。新劇の代表的な翻訳劇のひとつといって差し支えないだろう。杉村ブランチは高貴さ、繊細さによって際立っていた。やがては狂気に至る悲惨と哀れによって観客の胸を打った。それに対して、

大竹しのぶのブランチは、没落していく一族の最後のひとりとして、したたかさを身につけ、その淀んだ血が極点にまで煮詰まった人間として演じていた。一族の男たちは放蕩を繰り返して、莫大な財産を食いつぶしていった。ブランチも有効な手立てを打てずに、屋敷も領地も失ってしまった。

だからといって哀れな女なのではない。同性愛の夫を傷つけ、自殺に追い込んでしまったために、生涯を狂わせてしまった純粋無垢な魂の持ち主でもない。

蜷川演出が暴き出そうとしたのは、いかがわしいホテル・フラミンゴに住まいを移し、男を部屋に招かずにはいられなかったブランチの凶暴なまでの生き方なのであった。孤独にあって、虚言を重ね、新聞の集金に訪ねてきた少年を誘惑し、ミッチのような凡庸な男と打算のために結婚しようとする。この一瞬一瞬の変身ぶりを、大竹は生身の女性としてリアルに描き出したのである。

たとえば、蜷川はブランチが過去の幻想に捉えられるシーンを過剰に美化しない。戯曲に指定されたワルシャワ舞曲は、感傷的ではなく狂った調子で流され、その幻想を無残で異様なものとした。

また、スタンリーは粗暴で、ブランチの妹ステラは純真、ミッチは素朴といった役柄のイメージはキャスティング段階から否定されているように思える。堤真一のスタンリーは、ブランチが生地を追われて同居しはじめたために、壊れかけたステラとの関係を修復しようと懸命である。外に現れた粗暴さは生来ではなく、繊細さの裏返しであるかのようだ。六平直政のミッチも、ブランチに騙されたと知ったときの怒りは本物で、暴力的な要素を常にひそませていた。

そして、夫と対になるステラは、寺島しのぶによって、純真であるというよりは、したたかな女性として演じられていた。姉のブランチが失ってしまった品位をかいまみせるとともに、次第にこじれていく姉と夫の関係を解決できない無念さが強く打ち出された。ステラはブランチが否応なく失ってしまった一族の美質を、みずから捨てた強い女性として描線太く描き出されたのであった。

蜷川がブランチ、ステラ、スタンリー、ミッチの四人を解き放ったのは、ニューオーリンズの場末にある狭いアパートの一室、すなわち檻であった。装置もコクーンの全面を使わない。奥行きを狭め、観客席との距離を縮め、追い込んでいく。これほど実力のある俳優を揃えながらも、あえて舞台を狭く使う演出には驚かされた。小手先の技巧や引き出し演技などでは、相手役たちに喰われてしまう。それほど恐ろしい場所、極小の舞台空間に四人を閉じ込めたのであった。

テネシー・ウィリアムズの戯曲というルールのもとで、俳優がもてるだけの力を振り絞って、どれほど人間の内奥にひそむ真実をさらけだすことができるかが試されていた。そこでは優雅さや気取りは容易に否定される。男性演出家によって美化された女性像はどこにもない。美しくありたい女優の本能的な欲望も許されない。獣性をもった人間が男女を問わず四人いただけなのである。

『欲望という名の電車』は、蜷川にとってすぐれた女優とは、古風な女などではなく、獰猛にして果敢な人間なのだと雄弁に語っていたのである。

二八　吉田鋼太郎主演のシェイクスピア

『タイタス・アンドロニカス』——二〇〇四年冬

私は一九九九年から東京藝術大学の美術学部先端芸術表現科に勤務している。初期の学生に藤田俊太郎がいた。まだ、学部に在籍中に蜷川スタジオのオーディションを受けにいって、合格した。二十三歳だった。私はこの受験を知らなかった。なので事前に私が蜷川に藤田の入団を依頼したようなことはない。その藤田が俳優としてデビューを飾ることになった。

二〇〇四年十二月、日生劇場で上演された藤原竜也主演の『ロミオとジュリエット』で、乳母の召使いピーター役を演じるというのである。いうなればズブの素人がシェイクスピアの舞台でいきなり役付となったのである。私は驚愕した。蜷川の意図を疑った。とはいえ、現実の稽古は進んでいる。どれほど周囲のプロフェッショナルにとって藤田が迷惑かを思い、豊島区のにしすがも創造舎で行われていた稽古を見学に出かけた。

案の定、藤田は何もできていない。

一計を案じた私は、旧知の女優ふたりに声を掛けた。乳母役の梅沢昌代とキャピュレット夫人役の立石涼子である。藤田の演じるピーターと関わりの深い役なので、ご機嫌を取り結ぼうと思ったのである。

西巣鴨から本郷西片にある料理屋つくばねに行き、二人のベテラン女優を接待した。三人で稽古場を出るとき、蜷川に、「仲良しだな」と、冷やかされたのを覚えている。

この一本で藤田は俳優をクビになり、翌年の四月、シアターコクーンで上演されたアーノルド・ウエスカーの『ＫＩＴＣＨＥＮ』では、演出部のスタッフとなって稽古場にいた。以来、十年、蜷川組の演出部で育ててもらい、二〇一五年からは一本立ちの演出家となった。

本書の執筆を機に、二〇一六年九月十二日、藤田に話を聞いた。十年、蜷川の側でほとんど毎日のように稽古場でともにいた助手である。

「オーディションの前に『タイタス・アンドロニカス』が上演されたとき、(長谷部)先生と蜷川さんが彩の国さいたま芸術劇場の映像ホールで対談しているんです。その対談をゼミ生として手伝いに行っているんですよ。その流れもあって、僕はオーディションを受けに行きました」

そのころ私はインターネットで二つのプロジェクトを運営していた。「ＣＬＰ(クリティック・ライン・プロジェクト)」と「ＰＰＴＰ(ポスト・パフォーマンス・トーク・プロジェクト)」である。前者は大学の講師や助手たちと少人数で運営していた批評サイトである。後者は岩松了、鵜山仁、宮城聰、ケラリーノ・サンドロヴィッチ、栗山民也やいのうえひでのり、ロバート・アラン・アッカーマン、永井愛、鈴木裕美、松本修にも出演願っているが、現実の舞台を受けて、演出家に話を聞くプロジェクトだった。活字にならずインターネット上で完結していたために、ＰＰＴＰで蜷川をわずらわせたことをすっかり忘れていた。コンピュータ内を検索したところ、二〇〇四年一月二十日に行われた対談の起こしが発見できた。単行本未収録のインタビューで、貴重な部分もあるかと思われるので、ここに再録する。彩の国さいたま芸術劇場の映像ホールは、満員の観客で埋まっていた。

長谷部　まず最初に、『タイタス・アンドロニカス』の概略について説明します。これは一五九二年頃に成立したとされ、シェイクスピアにとってはきわめて初期の作品です。たとえば『ロミオとジュリエット』より前に書かれました。日本では豊臣秀吉が朝鮮出兵をした時代、つまり安土桃山時代に成立した戯曲ということになります。ただ、あまりにも残酷な場面が多いので、シェイクスピア学者のあいだでも、十九世紀の終わりまでは、シェイクスピアの作品かどうか評価が定まらなかった。一九二三年、つまり二十世紀になって初めて、元のテキストを用いて、シェイクスピアの作品として上演されましたから、日本での大きな上演例も五回に満たないという非常にめずらしい戯曲です。それにもかかわらず、今回(の蜷川演出は)世界が今置かれている状況を見事に映し出すような舞台になったと思います。

蜷川　そうですね、この戯曲は今の世界状況に本当に似ていますね。ですから、昔と比べて俺たちは何も変わったことはしていないのだと感じます。テレビ映像を見ていると、宗教的な対立や国家間の対立、またはテロや報復などが次々と起こる。そのような問題はテレビで見れば充分で芝居でなんかあえて観たくないと思ったのです。それをどういう風にちがう形で演劇的にできるかという点が一番大変でした。

長谷部　先ほど残酷な場面が多いと言いました。たとえば手首を切り取る場面には、舞台の慣習では血糊を使いますが、それを今回は避けてらっしゃいますね。

蜷川　液体の血が流れるのは見たくないと、自分で思ったのです。僕はいつも、自分が最初の観客なんだと思って演出しています。話は脱線しますが、好きなシーンは稽古が多い。それは毎日でも観たいから。演技とは別問題で、嫌いなシーンはさーっと終わって、好きなシーンは何度でも観たいから何度でも稽古します。話を戻すと、自分自身が、血が流れる『タイタス・アンドロニカス』は観たくないと思ったので、血糊は避けたわけです。

長谷部　先ほど、この戯曲が現実社会と似通っているとおっしゃいましたが、蜷川さんは『タイタス』を演出されることによって、現実社会に対するプロテストと言いますか、異議申し立てを行っているように僕らは受け止めるのですが。そういう意図はおありですか？

蜷川　それはありましたけど、残酷さだけを見るのは嫌だなというのがまずありまして、どこかで少しでも希望を持てる物語にできないかと考えていたんです。それは今夜の舞台で、皆様に結末を観ていただければ、「ああ、蜷川はここで苦労していたのか」とわかっていただけると思います。僕は演出する際、作者が書いた文字はちゃんと演出する、だが書いていないことは僕が付け足して良いと考えています。それで今回はシェイクスピアが書いていない結末になっています。セリフも何もないシーンですが。

「だが書いていないことは僕が付け足して良いと考えています」といった種類の断言は、ライブの対談の場だからこそ出てきた発言かもしれない。

この対談は、開演前に行われたが、蜷川が言う結末とはこうである。ローマ皇帝サターナイナスの妃となったタモーラは、ムーア人の愛人エアロンとの間に子をもうける。奸計をめぐらしてタイタスの一族を滅ぼそうとしたエアロンは、ついに破滅する。けれどその子供は、兵士の手からタイタスの甥の少年に渡り抱かれている。少年はひざまずき、言葉にはならない絶叫を続ける。

長谷部　観客のみなさんのなかには、戯曲はあまりお読みにならない方も多いと思うのですが、戯曲にはト書きというものがあり、ト書きで俳優の動きが指定されていることもあります。ただ今のスタンダードな価値観では、演出家は必ずしもト書きのとおりに演出する必要はないし、あるいはそれにプラスして、セリフのない別のシーンを付け加えることは、基本的には許されていると考えてよろしいのですね。

蜷川　そうですね。まったく別のシーンになるわけではないのですが、言ってみれば、余白のところにすこしシミを落とすとかその程度のことです。

長谷部　ただ、作品全体を観たときに、そのシミが、演出家が舞台を表現として、あるメッセージを込めるときの大きな手立てになる、ということですね。

蜷川　そうです。

この重大なシーンについて「シミ」と表現しているのは、なぜなのか。謙虚を装っていたのか。今となってはわからない。

長谷部　大づかみな話になりますが、八十年代には核の傘という東西陣営の対立があった。その時代は国家と国家の対立だった。しかし今は、南北問題も激しくなり、社会体制の対立ばかりではなく、個人と個人の対立に変わって、人間と人間が憎み合っている。そして対立の構図のなかにいる私たちも、不安や焦りに取り憑かれている時代だと思うのです。蜷川さんは、二〇〇四年のこの現実をどんな風にお考えになっていますか。

蜷川　もちろん居心地いいものではないですね。この芝居の冒頭で、二十数人息子がいて、そのうち生き残ったのがたった数人という将軍タイタスが、捕虜を連れて帰ってくる。そして捕虜の長男を生贄として殺す。すると殺された長男の母親は、その報復のためにタイタスの息子たちを殺す。こういう風に、報復合戦が始まります。母親の息子に対する愛情と、父親の国家と息子に対する愛情と、そういうものが全部からみあって、まさに現代史そのもののような物語が展開します。

実は、僕は一九九六年に『王女メディア』を持って、イスラエルからパレスチナに行ったことがあるんですね。イスラエルで芝居をやるフェスティバルに呼ばれたので、パレスチナでも芝居をやらせてほしいと言って、ガザに行った。ガザにはもちろん劇場がなく、女学校の庭でやろうということになり、そこには照明機材がないから、国連軍から借りてこようという話になったのです。ガザとエルサレムの間は中間地帯になっているため、その場所は両方から銃が向いている。そういうところを歩いて通過していくのです。そうしてようやくイスラエルに戻ったら、ガザで芝居をやるならイスラエルのフェスティバルには来ないでくれと言われたので、そこで(イスラエルで)芝居をやるのは止めたのです。そういう体験があったので、『タイタス・アンドロニカス』はまさしく我々の現在がそのまま映し出されている。僕らもそのなかにいるのだと思っています。

二〇〇三年の三月には、イラク戦争が開始され、四月九日には米英軍がバグダッドを制圧。フセイン体制が崩壊している。七月にはイラク復興支援特別措置法が成立し「非戦闘地域」への自衛隊派遣が可能となった。十二月にはアメリカでＢＳＥの牛が発見され、日本政府は米国産牛肉の輸入を停止した。翌〇四年の一月九日には、陸上自衛隊先遣隊にイラク派遣命令が下っている。

長谷部　会場にも昨年、蜷川さんが演出した『ハムレット』をご覧になった方も多いと思うのですが、時期が近いこともあって、『タイタス・アンドロニカス』と『ハムレット』が対になった作品だと感じました。藤原竜也さん主演の『ハムレット』の方は、不安と焦燥を抱える若い世代に焦点が合っている。『タイタス・アンドロニカス』は権力の側にいる人間を描いている。この二本で、蜷川さんが、今の現実社会のありように対して、強い否定の身振りをされているように感じました。

蜷川　そうですすか。実際に一本の戯曲が決まるのは、上演の一〜二年前です。フリーの演出家は一本当たらないと次の仕事ができないのですが、僕の場合は違うので、世の中がどこにいくかなと先の見通しを立てながら、作品を選ぶことが出来る。今回は現実の状況と重なりすぎるくらい重なってしまったために、かえって演出的には不自由だったたですね。テレビ映像の生々しさとリアリティが強いので、それ以上のインパクトをどうやって作り出せるかというのが大きな問題でした。

で、今回、舞台セットは真っ白です。僕はね、そういう無機的なセットは嫌いだったんですよ。昔、舞台美術家の朝倉摂さんと一緒に仕事をしていた頃は、人生の痕跡がすべて入っているような、時間の堆積が入っているようなセットが欲しいと言っていました。「跳ね上がった泥から、聖なる高みまで」とか言ってね。でも最近、単に白い箱とか、金網とか、そんな風に変わってきたのです。飽きたのかなんなのか、わからないけれど。ただ確かなのは、そういうセットを使うときは、俳優がよくないといけないですね。俳優がすべてを語ってくれないといけないので、最近、久方ぶりに俳優にうるさいです。

『タイタス・アンドロニカス』は、吉田鋼太郎、麻実れい、岡本健一が、『ハムレット』は、藤原竜也、鈴木杏、井上芳雄、小栗旬が出演していた。

演出する作品を選べる立場にいると、明言しているのもめずらしい。彩の国シェイクスピア・シリーズの芸術監督の仕事が順調に運び出し、実力があっても世間的にはそれほど知られていなかった吉田鋼太郎主演で、しかもシェイクスピアのそれほど有名ではない作品を上演できるのも、蜷川の喜びだったろう。蜷川は、芸術監督の力を、無名な者たちの起用のために行使しようとしていたのがよくわかる。

長谷部　今、舞台セットの話がありましたが、音楽や群衆の使い方にしても、最近は（大劇場時代とは）逆にそぎ落としていく方向に明らかに向かってきていますね。

蜷川　そうですね。今、『近松心中物語』という舞台の稽古をやっていますが、登場人物の数が多いのです。でも、プロデューサーには怒られてしまうかもしれないけど、人数はそんなに多くはいらないんですよ。昔は大勢の人に出て欲しかったけれど、今はそんなに大勢出ていただかなくても出来るかなあと思っています。ただその分、ひとりひとりの俳優さんに要求する分量が多くなってきました。このあいだの藤原（竜也）君も大変だったと思いますが、今回の『タイタス・アンドロニカス』でエアロンをやってくれている岡本健一さんも、僕の要求が激しくて大変だったと思います。稽古で彼の演技に腹が立ってくると、「有刺鉄線でしばるぞ」とか、「釘打つぞ」とか言ったんですよ。そのぐらい感情的になりましたね。でも、彼は良くなりましたよ。

長谷部　たしかに岡本さんは、今回の舞台が代表作と言われるくらいの演技を示していると思います。いじめられただけありますね。俳優の演技に焦点をあてるとなると、その人の中に眠っている、野生や獣性を掘り起こしていく作業になるのでしょうか。

蜷川　まあ、そうですね。ことに古典劇では、行動が直接的であったり、憎悪の言葉が我々よりも豊富であったりと、怒りが爆発していることが多いですからね。

長谷部　今回、タイタス・アンドロニカス役に吉田鋼太郎さんを起用されました。これまでも吉田さんとはたびたびご一緒されていますが、確か『グリークス』が最初だったと思いますが、そのときからこの人をタイタスにとお考えになっていたのですよね。

蜷川　そうです、彼のことは良い俳優だなあと思っていて。一般的に有名じゃないと主役はできないのですが、僕は吉田鋼太郎さんにこだわりました。こういう公共的な劇場だからこそ吉田鋼太郎が主役をできた。彼のような本当に優れた俳優が中心にきてほしいと、わがままを通していただいたのです。でも、本当に、彼はたぐい稀な俳優ですよ。ことに暴力的な表現がすぐれている。ただ、初日、僕は舞台に駆け上がって、舞台を途中でストップさせてしまったんです。吉田鋼太郎が、手を切られた後も、両手を使って演技してるのに気がついたから。「止めるぞ」と言って、手をパンパンと叩いて舞台に上がり、鋼太郎に「おい、両手使っているぞ」と止めた。鋼太郎は、自分で驚いていました。今日、舞台を観ていただければわかりますが、それは止めるのにちょうど良いシーンだったんですよ。道化役のグレート義太夫さんが出てくるシーンで。義太夫は自分が演技をやりすぎて僕に止められたと思い、青ざめちゃって。そして、「義太夫の登場から、道化の登場からやります」と言って再開しました。そうしたら後で、お客さんが「蜷川さんがあそこで出なくてもいいじゃないねえ」と。僕だって出たくはないですよ。昔、小劇場ではやったことありましたけど、大きな劇場ではこんなこと生まれて初めてです。

長谷部　蜷川さんは一方で、ブレヒト的な、舞台を異化するタイプの演出家だと思われているので、私の友人の新聞記者は、すっかり(蜷川さんの出を)演出だと信じ、「いやー、おもしろい演出だねえ」と。

蜷川　僕自身もびっくりしたなあ。

長谷部　グレート義太夫さんの怖がる気持もわかる気がします。昔、二十五年近く前の話になりますが、パルコ劇場で『下谷万年町物語』を上演していたとき、幕間にロビーで蜷川さんが「あいつ殺してやる！」と怒鳴っているのを見て、怖い人だと思いましたよ(笑)。

蜷川　たけし軍団の人は、すごく礼儀正しいですよね。井手らっきょさんでも義太夫さんでも、すごく神経が細かくて、真面目で、繊細なんだよね。だからこそあんな馬鹿なことできるのかなあと思っています。義太夫さんは、自分でいろんな馬鹿なアイデアを出したりしているので、それも合わせて、今日舞台で観ていただけると良いのですが。

開演前に行われたビフォートークなので、聴衆のほとんどは、まだ舞台を観ていない。そんな観客を気遣う気持が伝わってきた。観客にこんな配慮を示す蜷川を見たのは、このときに限られる。

長谷部　麻実れいさんとの仕事も最近重なっていますね。『オイディプス王』にしても、『桜の園』にしても。麻実さんは、日本の女優さんとしては非常に高い品位を持った方ですね。今回の舞台では、その品位を逆手に取っている面があると思います。

蜷川　そうですね。麻実さんには獰猛な、怒りの虎のような女王をやってもらっていますけど、かっこいいですよね。ギリシアで文化大臣にもなったメリナ・メルクーリという女優さんがいるのですが、麻実さんの方が美しかったですね。僕は女優には品位と強さを求めていますね。

個々の女優ではなく、一般論としての女優について語った言葉もめずらしい。「品位と強さ」である。「生活感と優しさ」ではない。

長谷部　役柄について言うと、岡本さんが演じるエアロンがひとつの焦点になっていて、西欧社会の中でたった一人黒い肌という役です。民衆の視点と言いますか、マイノリティの立場に立つというのが、蜷川さんが昔から基本的に持ち続けてきた演出にあたっての態度ですね。その視点がやはり今回も貫かれているなと、私は受け取っています。

蜷川　自分では少し錯綜してきたなと思っています。加害者が同時に被害者であったり、悪も一方的には必ずしも悪とは言えない。人間は悪も善も内包している存在だと、今回の芝居でつくづく感じました。

長谷部　今回、劇場に入ると、ものすごい高いテンションで芝居がはじまることに皆さんきっと驚かれると思います。主役のタイタスは、戦場から帰ってきた男なんですね。同じシェイクスピアの『マクベス』の冒頭の場面も同様ですが。

蜷川　やはり、何十人何百人と(敵を)殺した軍隊が、自分たちを受け入れてくれる市民の前に帰ってくると、興奮が改めて甦ってくるだろうと思うのです。そこで暴力も報復も皆の前で再び起こると、そういう演出をしました。その興奮がないと、後の芝居が展開していかないのです。ただ、問題は、僕ら日本人がローマ人を演じるいかがわしさと恥ずかしさです。たとえば衣裳ですが、正しいローマの衣服ではないけれど、許容範囲にあるようなアレンジをしました。彩の国さいたま芸術劇場の中に、工房のようにミシンを何台も持ち込んで、みんなで考えながら衣裳を今の形にしていったんです。

長谷部　外国でも、美術の工房が劇場に設置されているのが当たり前ですね。先ほど楽屋でも話していたのですが、蜷川さんの場合、芸術監督をおやりになっていることで、演出家として大変なアドバンテージを得ておられますね。

蜷川　そうです。僕はとても優遇されていて、よい条件をいただいています。小道具も小道具の工房である部屋で作ったりと、外国の国立劇場と同じような条件の中で仕事をしています。たとえば、王冠や鎧をどうしようかというとき、近くのコンビニから段ボールをもらってきます。そして段ボールを切ったり色を塗ったりして、こういう形はどうだろうというところから始めます。形が決まったら、次に材料を買ってきて作るのです。こういう風に劇場全体が工房と化して、ほぼ即興的な演出をさせていただいてます。本当に恵まれていると感謝しています。

長谷部　そういう意味でお芝居の小道具は、工場で作られた量産品ではなく、ほとんど一点物ですね。小道具のひとつひとつが人間の手で作られたものだと思って、舞台をご覧になると、また面白いと思います。

この時期、蜷川幸雄の仕事は、絶頂に達したと私は考えている。蜷川は六十八歳からまたしても充実した仕事を積み上げた。この『タイタス・アンドロニカス』は、その輝かしい成果である。二〇〇六年の四月には、再演され、また六月には、シェイクスピアの生地、ストラトフォード・アポン・エイボンにあるロイヤル・シェイクスピア・シアターでも上演された。私は〇三年の『ペリクリーズ』ロンドン公演と、この作品は、現地で観ている。

いずれも圧倒的な成功であり、観客が熱狂している姿が忘れられない。特にストラトフォード・アポン・エイボンの公演の時期は、ワールドカップサッカーが開かれていた。この大舞台に日本代表が参加していた。演劇でもサッカーでも世界レベルに日本人が到達したと思うと心が躍り、ストラトフォードの早い夏を楽しんだ。

二九　野村萬斎は生を嘆く

『オイディプス王』――二〇〇四年春

もっとも輝かしい時代がやってきた。『グリークス』(二〇〇〇年九月)から、新演出の『マクベス』(〇一年三月)、『近代能楽集　卒塔婆小町／弱法師』(同年七月)、『四谷怪談』(同年十二月)、『欲望という名の電車』(〇二年五月)、『オイディプス王』(同年六月)、『ペリクリーズ』(〇三年二月)、『リチャード三世』(同年十二月)、『タイタス・アンドロニカス』(〇四年一月)、『シブヤから遠く離れて』(同年三月)、『お気に召すまま』(同年八月)など、この時期の蜷川は立て続けに充実した舞台を発表している。蜷川のキャリアのなかでも、黄金の時期といって差し支えないだろう。

なかでも『オイディプス王』は、狂言師の野村萬斎をタイトルロールに得て画期的な成果をあげた。この稿があがって初校を待つ間、偶然、野村萬斎と会う機会があった。パーティの席上で立ち話ではあるが、初演に出演が決まる前のエピソードを聞いた。

「プロデューサーの笹部博司さんから連絡があって、都内のホテルで会いました。蜷川さんは、「萬斎さん、ちょっと立ってください」っておっしゃった。姿を確認したかったんでしょうか。〇四年にはアテネのヘロデス・アティコス劇場での上演が決まっていましたから、ギリシアの野外劇場でコロスに囲まれて、きちっと立ってられるかどうかを見たかったのでしょう。そして、『オイディプス王』の文庫本を渡されました。今になって思い返すと、当時はヘロデス・アティコス劇場に立てるのは（『王女メディア』の）平（幹二朗）さんというイメージだったのでしょうね」

萬斎は屈託のない表情で「蜷川秘話はたくさんありますよ」と高らかに笑った。

私は文学雑誌の「文學界」で「シアトリカル・シナリー」という劇評の連載を始めるにあたって、再演（〇四年五月）の舞台を選んだ。この評のタイトルは「見えざるものをめぐって」と付けた。

「舞台上に見えざるものが、観客のこころのうちに現れたとき、はじめて、演劇はエンテーテインメントとしての仮面を脱ぎ捨てる。そのとき、ようやく観客は、スペクタクルの誘惑から解放され、世界に開かれた通路としての作品に向き合うのではなかったか」（「文學界」二〇〇四年八月号）

いまとなっては気恥ずかしいが、連載を始めるにあたっての気負いが目立つ。私は奮い立っていた。

繰り返しになるが、蜷川幸雄演出、野村萬斎主演の『オイディプス王』（ソフォクレス作　山形治江訳）

は、二〇〇二年に初演されている。

幕開きは初演も再演も変わらない。

壮麗な館の石壁の中央に、巨大な扉がそびえ立っている。扉の左右には、蓮がしつらえられているが、その葉も茎も禍々しい黒である。この病んで死に絶えた植物のイメージを背景に、チベット僧を思わせるコロスたちは、身体を地面に打ち付け、五体投地を繰り返す。国の荒廃を嘆く姿である。蜷川は「大地の実りは枯れ果て、家畜の群れは死に絶え、赤子は生きて生まれることがない」テーバイの現実を、劇の冒頭に叩きつけたのである。この国の生は絶望のただなかにあった。

相違点は、主に野村萬斎の演技にあった。劇は、予言者テイレシアスによる告発、王のクレオンに対する弾劾、イオカステによる仲裁が連なり、隠された真実の開示に向かって、突き進んで行く。この劇については、ミシェル・フーコーによる周到な分析があり、オイディプスは、常に、権力保持に取り憑かれているとされる。

初演では野村萬斎はあえて、軽薄にして権力欲に憑かれた王を強調したが、再演では、王を極端に造形することを控え、コロスの演技をよく受け止め、民衆の圧力が強くかかっている様子を描き出した。国土の荒廃は極限に達し、民衆の嘆きと不満が爆発寸前にある。ここまで荒廃した理由は何か。どうしても真実を追及しなければならない立場に追いやられている王の焦燥が明解になったのである。

それは、権力への妄想に取り憑かれた残酷な王から、赤子にしてくるぶしを傷つけられ、両親であるライオスとイオカステに捨てられた子への転換でもあった。オイディプスは、巨大な扉を押し開き、目からおびただしい血を流して再び舞台に登場し、「痛い！　痛い！」と訴える。まるで、冒頭の民衆の嘆きが、王の一身に取り憑いたかのようだ。萬斎は、嘆く。その音から即物的な意味を剝ぎ取り、王の咆哮ではなく、見捨てられた子供の孤独と絶望がこめられた叫び声をあげた。声と身体が舞台に屹立している。再演にふさわしい進境を示した。

『オイディプス王』は、人類の普遍的なありようを描いた劇である。今、思い返してみても、蜷川は人間を描くとともに、人類を包み込み、ときに攻撃する地球の自然を描きたかったのではないかと思えてくる。人類を温かく、そして厳しく見守ってきた山が、萬斎の立ち姿の向こうに見えてくる。装置によるのではなく、イメージを描写する狂言師の力量が、ここでものをいったのだった。

新演出ともいうべき『オイディプス王』の核心は、今、遠く離れた緑深きキタイロンの風景を、観客の脳裏に浮かび上がらせたところにあった。

王自身がライオス殺害の下手人だとわかり、イオカステの縊死を受け、両目を自ら刺し貫いたオイディプスは、「山に、キタイロンの山に住まわせてくれ。両親が生前、私の墓場と決めた場所だ。あそこで死のう」と語る。そこにあるのは情緒的な絶望ではなかった。終幕近くになって、むしろ乾いた宿命への断念にまで至っていた。

「ヤマニ、キタイロンノ」と、音が響き渡るだけで、羊を養う夏草が生い茂る山の斜面が、抜けるような青空のもとに広がる。壮麗な館の壁を通り抜け、ここにはない劇の背景がまざまざと現出した。荒廃した都市の向うに控えるギリシアの自然が、王を包み込んでいたのである。

私は物語る身体のありようを書きたかったのである。

蜷川は、抒情に溺れる身体を好まなかった。萬斎や白石加代子のように叙事的な語りを言葉ばかりではなく、全身で表現できる俳優を好んだ。それは、リアリズム演劇から出発した自分自身の出自と、様式的な演劇との決して埋まることのない差異をよく考えていたからだろうと思う。ギリシア悲劇は、全身を引き裂くような嘆き、世界のすべての苦悩を体現する存在がどうしても必要である。少なくとも、ギリシア悲劇を日本人が舞台にあげるには、朗唱術に終わらぬ身体、具体的にいえば地の底から湧き上がるような声を発する身体がどうしても必要だった。蜷川は新劇的な身体の限界を認めていた。その上で古典の特異な身体を現代演劇の世界で生かそうとしていた。

この『オイディプス王』の頃から、私は萬斎と面識ができた。

十年ほど前、劇場の観客席でひきしまった身体の男性とばったり会った。目があって、黙礼したが、マスクをしていたのでとっさに誰だかわからなかった。私の視線の迷いを悟ったのか、男性はゆっくりとマスクをはずしながら、地を這うような声で「まんさいです」と言った。マスクを取るまでもなく、「まん」のあたりで、萬斎だとわかった。それほど狂言師の地声は重々しく響いたのである。

三〇　歌舞伎、その前近代的な闇と死

『NINAGAWA十二夜』――二〇〇五年夏

二〇〇〇年の『グリークス』に歌舞伎の五代目尾上菊之助が出演していた。彩の国さいたま芸術劇場の稽古場で、菊之助が私に話しかけてきたのがきっかけで、たびたび芝居について話す機会を持つようになった。

そのうちにシェイクスピア作品を歌舞伎化できないかと語らうようになり、『十二夜』が候補にあがり、めでたいことに二〇〇五年に歌舞伎座で上演する運びとなった。その経緯は『菊五郎の色気』(二〇〇七年　文春新書)と『菊之助の礼儀』(二〇一四年　新潮社)に書いたのでここでは繰り返さない。

ただ、評論家としてではなく、内部スタッフとして蜷川幸雄と関わったのは、私にとって幸せな体験となった。しかも、この作品は三演を重ね、〇九年には、ロンドン、バービカン劇場での上演まで

実現した。歌舞伎化されたシェイクスピアが本格的な座組で上演されたのは、この上演を嚆矢とするだろう。企画が立ち上がった当初、これほどの成果が得られるとは、私自身も想像していなかった。

ここでは、この作品と蜷川にまつわる思い出をいくつかしるしておく。

蜷川は、稽古場にほとんど単身で乗り込んだ。それまで蜷川の演出を支えてきた演出補の井上尊晶を連れていかなかった。ただ、歌舞伎には演出家の世話係はいないので、演出助手の藤田俊太郎が雑用を勤めるために稽古場や劇場での舞台稽古にはついていた。

衣裳に関しては、菊五郎が演じた丸尾坊太夫(原作ではマルヴォーリオ)の金色の狩衣をのぞいては、ほとんどが松竹衣裳が所蔵しているありものだった。古典を上演する場合は、衣裳は役柄によって決まっているから、復活狂言以外は、座頭が口を出すことはない。松竹衣裳が「この役には、これでいかがですか」と個々の役者に問い合わせ、了解が取れれば、舞台稽古に進んで行く。通常の稽古は役衣裳ではなく、浴衣か単衣の着物で行われる。

菊五郎家の稽古場で、菊之助の鬘合わせに立ち会ったが、このとき衣裳さんが菊之助が演じる若衆方、主膳之助の衣裳を見せにきていた。『十種香』の勝頼役を基本とした着付だった。この選択には、蜷川は関わっていない。つまり、鬘や衣裳の選択に関しては、個々の役者に任されていたと考えていい。

また、装置に関しては、月光台や花丸図を使った御殿などを、蜷川が装置の金井勇一郎に直接指示していた。金井は歌舞伎専門の大道具を制作する金井大道具の経営者であり、他のジャンルやテレビなどへもシェアを伸ばしていったビジネスマンである。当時は一般的ではなかったCADの知識を生かして、留学先のメトロポリタン歌劇場でも重く用いられたと聞く。各場面の舞台模型ができて、歌舞伎座二階の貴賓室で、菊五郎、蜷川、菊之助に見せる場面に同席したが、蜷川が、金井が提案してきた歌舞伎らしい草むらの道具を除くように指示していたのが印象に残る。歌舞伎の擬古典らしくあるよりも、斬新な舞台構成を望んでいた。こだわっていたのは、舞台奥全面を覆う鏡であり、たくさんの百合であり、朱の太鼓橋だった。御殿の花丸図に関しては、私は参考のために四国の金刀比羅宮で特別公開された若冲の図を蜷川に示したが、そこまでのこだわりはないようだった。装置に関しては、蜷川、金井のやりとりのなかで創造が行われた。

照明の原田保は、旧歌舞伎座ではまだ一般的ではなかった可動式のムービングライトを多数持ち込んで、海難の場などで効果を上げた。この場は二階から観た方が嵐にあった海面の様子がダイナミックに描写されて美しくおもしろかった。やはり、演出家にとって照明家は片腕なのだとの思いを深くした。

音楽は『グリークス』などで音楽監督を務めた笠松泰洋を起用した。冒頭、紗幕の向こうに満開の桜が散っている。室町時代の雰囲気を出すために笠松自身がチェンバロを演奏し、少年たちがバテレンらしき衣裳を着けてグレゴリオ聖歌を歌う場面からはじまる。こうした例外はあるが、基本的には従来の黒御簾音楽を生かす形で、菊五郎劇団音楽部がありもののメリヤスをつけていった。海難の場面では、菊五郎が「千鳥《ちどり》の合方《あいかた》」を指示するなどしていた。合方について蜷川は菊五郎の助言を仰いでいた。

また、新宿の稽古場でどきっとする場面があった。蜷川はもちろん演出席で見守っている。坊太夫の菊五郎が、左團次、團蔵、亀治郎(現・四代目市川猿之助)の三人にいたぶられ、竹刀で打たれる場面では、「ここまででいい」と菊五郎が最後のやりとりをカットしてしまった。見学していた私は、蜷川がどう反応するか注意深く見守っていたが、なにも言わなかった。菊五郎としては悪気はなく、通常は演出面で責任を持つ座頭の立場で、また、芯に立つ俳優として、適切だと思ったから指示したのだろう。たしかに、その時点で場を終えてしまった方が、だれない。戯曲の指示より引き締まったと私も思った。

歌舞伎の新作にかかわる場合、実質的には演出家と座頭が共同して演出にあたる場合が多いし、その方が歌舞伎演出の引き出しを自在に使えるだけに舞台の成果があがるだろうと思う。少なくとも、蜷川はこうした場面で不快をみせるようなことは一切なかった。


「ある程度うまくいった理由のひとつは、歌舞伎の人たちがものすごくよく協力してくれたことです。菊五郎さんと菊之助くんはじめ、歌舞伎の人たち、スタッフに感謝しなきゃいけない。僕に聞こえるトラブルは何かあったとしても、ほとんど背後で処理されていった。外国でいろいろ経験してきたから、歌舞伎では、自分が予想していたよりは、はるかに困難ではなかったですよ。けっこう楽しかった。

今回は、十分楽しかったたし、本当に菊五郎さんには感謝している。第一、菊五郎さんが、マルヴォーリオとフェステの二役をやるのは大変なことだったと思います。稽古初日には、完璧に台詞を覚えてきてくれたしね。僕は歌舞伎に対しては、とても幸せに出合えた演出家だと思っています。で、ただ……あのう……演出家としては、全部、お客さんに僕の手は見せちゃったから(笑)。歌舞伎の美学を新しく創り直すための手はちょっとないなあ」(『演出術』)

このインタビューは、国際交流基金の依頼で、初演の直後に行われたから、蜷川の率直な気持がよく出ている。

こののち蜷川は、浪布や振り落としなど歌舞伎独特の演出手法をシェイクスピアなどの舞台にそのまま取り入れた。歌舞伎座での成功を受けて、歌舞伎の演出を参照するのに、ためらいがなくなったように思える。歌舞伎界の本流というべき菊五郎劇団を演出したからには、ある種のお墨付きが与えられたといってもよいだろうと思う。

蜷川は「留学体験」をこう総括している。

「楽屋口から外を眺めていたら、頭取部屋から、昭和通りが暗い廊下越しに明るく見えるわけだ。そうするとトラックやタクシーが走っていて、まさしく二〇〇五年の現実が走っている。一歩こちら側は、神棚があって頭取や狂言作者がいて、ダクトや配線がザーッと出ている暗く長い板張りの廊下が続いている。まるでSFの世界みたいだった。そこが面白かったなあ。

今度の体験で何が新鮮だったかって言うと、舞台下の奈落を通ったりすると、日本の演劇の前近代的な闇というか、伝承されてきた何か……死というものが見えた。それはまあロマンティックに語りすぎると言われるかもしれないけど、それこそ留学したヤツじゃないと見えないものが見えた。でも、これも一瞬の技で……これは慣れちゃうと見えなくなるからね。とっても新鮮でしたよ。自分の中で……狂えばいいんだって、演劇にもっと正しく狂っていいんだなあと思いました。それが歌舞伎から受けた最大の教訓ですね。菊五郎さんも菊之助君でもそうですけど、あの人たちの演劇の時間の堆積はやっぱり凄い。それはとても面白かったですね」(『演出術』)

ここで「狂う」という言葉を蜷川は使っている。二〇〇五年の現実の中で、江戸やそれ以前の演劇と直接つながっていること、それ自体が「狂い」である。蜷川は、この平成の世の中に呼吸しながら、西欧文明の根幹にある紀元前のギリシア演劇や中世のシェイクスピア演劇をレパートリーの中心とする自分自身の「狂い」を、歌舞伎での演出体験を通して正しいと認識したのだろう。

三二　怒り

『ペリクリーズ』――二〇〇三年冬

蜷川幸雄は、喜怒哀楽の激しい人だった。感情表現としてもっとも強い怒りを怖れなかった。稽古場でも、俳優がよい演技を見せないと怒鳴り、感情を爆発させるのは日常茶飯事だった。

演出助手を十年務めた藤田俊太郎は、私の「怒っちゃう人だったよね」との言葉にこう答えている。

「そうですね。怒っていますね。怒ってましたね。僕も本当に怒られました。

それは蜷川さんの不器用の現れというか、本音で接するための方法だと思うんです。本音でぶつかるための。ひとつひとつが論理的な方でしたから、論理的に感情を爆発させるというか。ポーズなのか、虚実がわからないですね」

「本当には怒っていなかったのかな」

「いや、本当に怒っていたと思います。本当に怒っていましたね。ただ、俳優は突き放すことがありましたけど、飴と鞭で、僕ら演出部に対しては絶対にフォローしていました。「カツ丼食いに行くぞ」とかいって、稽古場やＢｕｎｋａｍｕｒａの近所にはよく連れて行ってもらいました。

一方で日常的に本音を語るかというと、僕にはありませんでした。小川(富子)さん(舞プロモーション代表)、(井上)尊晶さんには、話していたんじゃないかと思います。でも、どうなんでしょう。蜷川さんという方は本当に計り知れない方で、社交的ではありましたけど、ものすごい闇をかかえていました。必ず独りで車を運転して帰りますものね。周りに「体調と年齢のことがあるので、運転しないでください」と言われて、ようやく運転しなくなったのが七十代後半です。

蜷川さんの場合、俳優に対する怒るパワーのなかにある愛の強さと同時に、これは素晴らしいことだと思うんだけど、愛と同じくらいの憎悪感を持っていたと思います。そうじゃなければ、いい仕事はできないです。そういう蜷川さんがすごいなって思うのは、歓びと同時に反骨精神がある。自分を鼓舞する。マイナスを力に変えていく、ものすごい欲望がありましたね。俳優からスケジュールの都合で出演を断られたりするようなやむを得ないことすらも、力に変えていく才能を持っていらした」

藤田俊太郎は学園紛争を知らない世代に属する。また、新宿騒乱の殺気だった雰囲気も実感としてはわかっていないだろう。ただ、この十年、晩年の蜷川に付き従って、繰り返し同じ話を聞き、同じ種類の怒りを浴び、そして結果として生まれるすぐれた舞台を味わった。

「僕が蜷川さんと体験してきたなかでも、愛も憎悪も大きくなって物語化されている話って、たくさんあります。いつのまにか、僕らもそうなんじゃないかって思っていることもたくさんあります。だからこそ、蜷川さんのなかでは、すべてが、稽古場のなかにあって、劇的であり続ける。だからまわりも大変なんです。関係そのものが劇的ですものね」

蜷川からおびただしく怒られてきた人間ゆえのいたわりと優しさがある。ただ、蜷川カンパニーに属していない人間は、稽古場ではない場所で蜷川に怒られている。その経験は、ぬきさしがたく人生に影響を与える場合もある。私も例外ではない。蜷川を心底怒らせたことが二度ある。

一度目は、二〇〇三年三月、シェイクスピアの『ペリクリーズ』の英国公演、ロンドンのナショナル・シアターの公演のときである。イラク戦争がはじまり、ヨーロッパへの渡航が懸念された時期だった。この非常時にもかかわらずロンドンへ駆けつけたとの慢心があったのか。私は主役の内野聖陽の演技について疑問を口にした。すると蜷川は烈火のように怒った。

「観る人間は、自分の体調が万全かどうか疑ったほうがいい。稽古を重ねてきた俳優にとやかくいうなら、時差ぼけはないのか、寝不足ではないのか、自分に聞いてみればいいんだ」

この趣旨を激しい調子で繰り返したから、私は反論もできずにひたすら黙っているだけだった。しかも、この発言は私に同調した翻訳家の松岡和子に向けられる体裁をとっていた。迷惑なのは松岡である。ホリプロの堀威夫ファウンダーもいた。

そして、食事やお酒が出る場で蜷川と同席したのは、これが唯一の機会となった。

松岡和子によれば、これには伏線があるのだという。常にはないことだが、『ペリクリーズ』の翻訳に、蜷川は納得していなかった。翻訳稿が上がって、蜷川、演出助手の大河内直子、松岡の三人が、ベニサンにあった事務所に集まった。ここで蜷川は、口火を切った。

「「小田島雄志訳のほうがいいよ」。「どこがですか」。「こことここだ」と指摘するんだけど納得できない。結局、一字も変えずに使われることになったんですが、蜷川さんは納得していなかったんだと思います。それなのに、長谷部さんは内野さんの演技について云々するその前に、私の翻訳をほめたんです。それも怒りの原因かと思っています」

私にとっては、この話を聞くのは意外だった。人生はこんなふうに、ときに人に対して、意地悪をする。また、ときに時間がたって意外な理由が現れたりもする。

表現の問題として蜷川の頭にイラク戦争はあったろうが、現実世界のなかでは意味などなかった。世界の混乱と目先の不安に右往左往している私たち凡人たちを、愚かしく思っていたような気がする。いずれにしろ、『ペリクリーズ』の軽食の席でも、ひとり退席し、ホテルに帰って仕事を続けていたのだろう。その孤独の意味を今思い返す。

二度目は、『NINAGAWA十二夜』の稽古に入る直前だったろうか。菊五郎邸でこれからの話をした。最終稿はすでに上がっていた。同席したのは、菊五郎夫人、菊之助、松竹の船越直人制作担当だった。突然、菊五郎が、マルヴォーリオとフェステの役を兼ねるのは、むずかしいと言い出した。『NINAGAWA十二夜』でいえば、丸尾坊太夫と捨助の役である。あわてた私は特に考えもなしに蜷川の携帯を鳴らして、菊五郎さんがこうこう言っていますと話してしまった。菊之助はおそらく止めたと思うが、なにか勢いがついてしまったのだろうか。それとも企画がもうすぐ実現する。そんな浮かれた気持がどこかにあったのだろうか。

蜷川は激怒して「それを説得するのが、おまえの役目だろう」と繰り返し言った。「なんとかします」としか言いようがなかった。雰囲気を察した菊五郎に、「大丈夫、いいよいいよ、やるから、心配しないで」と慰められたのを覚えている。私の不手際で周囲に面倒をかけてしまった。

今思い返すと、人間の心に隙ができ、その隙から軽々しくものを言うときに、蜷川の怒りは爆発した。それは理不尽なほどの激しさで、人を襲った。ただ、今となっては、二度とはいえ、蜷川に本気で怒られたのを誇りに思う。演出家と批評家の立場でありながら、本気で怒られた。その怒りによって、私は震えた。けれど私自身の弱さ、至らなさに直接斬り込んでくる力を感じていた。今は懐しく、貴重な教えとなっている。

三二　井上ひさしとの蜜月

『天保十二年のシェイクスピア』——二〇〇五年秋

『グリークス』が蜷川幸雄が演劇界を横断した集大成であるとすると、その後の展開は、私にとっては意外に思えた。

同時代の劇作家井上ひさしを『天保十二年のシェイクスピア』(二〇〇五年九月)をきっかけに、連続して取り上げるようになったのは大きな変化である。『藪原検校』(〇七年五月)、『道元の冒険』(〇八年七月)、『表裏源内蛙合戦』(同年十一月)、『ムサシ』(〇九年三月)、『たいこどんどん』(一一年五月)、『日の浦姫物語』(一二年十一月)と、井上作品を堰を切ったように一気に演出したのだった。

本書でも、清水邦夫や唐十郎との深い関係は繰り返し書いてきた。このふたりに匹敵する劇作家といえば井上しかいない。なぜ、こんな急激な変化が起きたのか、演劇雑誌「悲劇喜劇」の蜷川特集号

（二〇〇九年十月号）で、私は本人に訊ねずにはいられなかった。

「演劇における棲み分けというか、場所の問題があってね。僕は清水邦夫とやったら井上ひさしさんは〔演出家の〕木村光一さんとおやりになっているから、なかなか違う作家と出会いにくいんです。お互いに遠慮するところもあるし。井上さんの作品も、前に五月舎のプロデューサーと一緒にやろうって言ってたことがあったんだけど、実現しなかったんですよ。その本田延三郎さんというプロデューサーは、僕がいた青俳のプロデューサーで、僕は本田さんに見出された俳優だったわけです」

蜷川からこうした「棲み分け」のような話が出ること自体が驚きだった。私からすれば、演劇界のなかでの遠慮など考えることなく、蜷川は自由に演出作品を選んできたとばかり思っていた。木村光一は華々しい活躍を示した演出家で、東京大学の出身である。蜷川が木村を強く意識していたのは察していたが、井上を取り上げなかったのは、こうした理由からだとは思わなかった。木村が手がけた代表的な井上作品に、『雨』『化粧』『頭痛肩こり樋口一葉』『小林一茶』『藪原検校』がある。木村を中心とした制作集団地人会は、二〇〇七年十月末にその活動に幕を下ろしていた。また、井上はこのインタビューの時点で存命であったが、〇九年の十月に肺がんと診断され、一〇年の四月に死去している。

「青俳という劇団が分裂したときに、本田さんが五月舎をつくって、井上ひさしさんの戯曲をやるようになった。そのうち一緒に仕事をしようと言われて、井上さんと出会いそうになったら、本田さんが亡くなられてしまった。そういうちょっとした演劇内事情があるんです」（前掲書）

けれど木村が演出して高い評価を得た『雨』『化粧』『頭痛肩こり樋口一葉』『小林一茶』を、蜷川は演出しようとはしなかった。劇作家と演出家にも、同時代ならば同時代ならではの事情があり、縁のあるなしもあるのだろう。私のなかには思い込みがあり、おおよそ井上ひさしと蜷川幸雄は、結びつけにくかった。

「初期の井上ひさし作品を演出するときに、僕が意識する猥雑さや非合理性は、バフチンに結びついているわけです。シェイクスピアやバフチンに結びつけながら、それをキチッとした形でもう一回やり直せるかなと。清水邦夫作品が抒情的というか情念重視だとすると、清水が僕と仕事をするときには、清水自身の資質よりも広げた形で、群衆劇を描いたりして猥雑になってる。だけど、もっと本来の資質として猥雑さを持っている井上さんのほうへ長い間、行きたいと思っていたんです。でもできなかった。それがようやくやれるようになって、僕としては、自分の資質のある部分がそこで合致できる、解放できたということでつながってきたんだと思う」(前掲書)

蜷川は猥雑で悪の魅力にあふれた初期の井上作品に注目していた。先入観もあるのかもしれないが、蜷川の井上作品には、私はいつも違和感を持った。蜷川が注目する「猥雑さ」そのものが、蜷川の本質には欠けている。そんな気がしてならなかった。蜷川の「猥雑さ」とは、バフチンの理論を経過したアカデミックな「猥雑さ」なのであった。

俳優の木場勝己は井上ひさしが主宰するこまつ座によく出演していた。蜷川と木場の櫻社解散以来の再会は、九四年九月、松竹制作で日生劇場で上演された『オセロー』になる。本格的に蜷川演出に出演するのは井上作の『天保十二年のシェイクスピア』からである。この作品はシェイクスピアの全作品を、講談や浪曲で知られる『天保水滸伝』の形式を借りて盛り込んだ異色の劇作である。「語り」の技術にすぐれ、声の質のよい木場は、いかにも蜷川が好むタイプの俳優だった。なぜ、井上の戯曲と蜷川演出がしっくりこないのか。木場との対話によって、長い間の疑問が解けた。

「蜷川さんの美術プランは、他の演出家とは違う。破格にすごいので「キャスティングと美術で終わりか！」って飲み屋で叫んだこともありましたけど(笑)。だから僕は内心、いつも反発していたんですよ。この美術プランじゃ、こっちは摩滅しちゃうと思って。その隙間を縫って、自分の芝居を果たせる手はないものか、と考えるのが、蜷川さん演出作品のときのいつものやり方でした。『天保十二年のシェイクスピア』のときは、井上さんの筆が全然、後期のこまつ座の芝居と違うでしょ。その猥雑の極みですから、これだったら蜷川さんは食いつけると思ったんじゃないかな。

このときは、私は隊長役で語り役でしたが、井上さんが本をだいぶカットして、シェイクスピアについて喋る分量をだいぶとったので、語りが百姓の話に特化していったんです。「これでは語りとしてやる仕事がなくなる」と思って、立ち稽古の初日に、登場と退場を僕にまかせてほしいと(蜷川さんに)言った。そうしたら「好きなように、どっからでもいいよ」って。それで、僕は自分の出番が終わってもハケず(退場せず)にずっと舞台に居続けてみたんです。演出助手がやってきて「木場さん、出番終わってますから」って引っ張ってきたけど、「いいから」って言って、全編ほとんど居続けたんです。最初は蜷川さんも、邪魔だなと思ったと思います。でも僕は根性きめてましたし。そうしたら途中から、僕がハケると「ここ、お前なんで出ないの?」って言うようになって。「でも、ここはいてもあんまり面白くないかなぁ」って僕が言ったら、「お前はなぁ……」って蜷川さんも苦笑い」(『文藝別冊　蜷川幸雄』のインタビューの原本を参照している)

この挿話から読み取れるのは、演出家と俳優の意地の張り合いではない。井上戯曲が成立するためにどうしたらいいか。俳優から演出家に提案したという話である。

井上の初期戯曲は、破天荒な奇想、魅力的な登場人物で際立っているが、きわめて物語性が高く、客観的にお話を叙述する狂言回しの役割が大きい。単に美術セットを衝撃的にして、魅力にとんだ主役がいれば成立するのではない。木場は自分が舞台に居続けることで、「井上作品の実質を私が担ってみせます」と蜷川に申し出たように思えてきた。

「『日の浦姫物語』のときも僕は語り役だったんで、同じようなズルをやった。このときは同じく語りの立石涼子さんに「語りの場所(立ち位置)は決まってるのに、あんた一人でうろうろするから私どうしたらいいのよ」なんて言われちゃって。でも聞く耳持たずでやり続けました。そうしたら、日の浦姫を演じた大竹しのぶさんが、日の浦が決心するというシーンで、ある日突然、日の浦には見えないはずの語り——つまり僕に向かって決心を喋り始めたんですよ。お芝居の上で、その空間にいないはずの(僕の)役とコンタクトしちゃったんです。当時井上さんは亡くなられていたんですが、「ああ、この芝居を井上さんに見せたかったたな」と思いましたね、大竹しのぶ、さすがだなって。すごく嬉しかったんですよ」(同前)

私は思い込みで、蜷川幸雄という演出家を稽古場における独裁者だと考えていた。確かにそういう面もあっただろう。けれども、稽古場で説得力のある演技、それは立ち位置や出入りを含めて、俳優から提案があれば、理不尽に退ける人ではなかった。むしろ、その提案を利用し、自分の演出に取り入れ、成果をあげてしまうだけの貪欲さと度量の広さがあった。井上作品のように、必ずしも蜷川の手に入った戯曲ではない場合、構造をよく知る木場の力が必要だったとよくわかった。

三三　オールメールキャスト。スキャンダラスな匂い

『お気に召すまま』——二〇〇四年夏

蜷川の代表作といえば、まずシェイクスピアの悲劇があげられるだろう。けれども、彩の国さいたま芸術劇場でシェイクスピアの全作品上演をめざしたこともあって、後期の蜷川は好んで喜劇を取り上げている。演出家としての転換点となった『夏の夜の夢』(一九九四年)、『十二夜』(九八年)が先行していた。同劇場の小ホールで上演された『十二夜』は、蜷川幸雄の演出史のなかでは佳品で、オリヴィア姫の家を公家の世界に見立てる趣向は、のちに歌舞伎化された『NINAGAWA十二夜』にも引き継がれている。また、九八年の『十二夜』では、オンシアター自由劇場出身の大森博史ら俳優たちが自ら楽器を演奏するのも蜷川演出ではめずらしい。得意のシェイクスピアとはいえ、本来の資質とは遠い喜劇を演出するには、祝祭にふさわしい音楽をはじめ、さまざまな手立てが必要だったのだ

ろう。

『演出術』のために取材した時点では、「彩の国さいたま芸術劇場では、芸術監督としてシェイクスピアを全作品上演すると約束していますから、「入れとかなきゃまずいよな」「そろそろ喜劇をやっとこうか」というぐらいですかね。特別な野心があったわけじゃないです。ただ、さいたまの小劇場を一度使ってみたいと思っていたので、試してみる狙いもありました。それにはセットを組まずに、「俳優だけである程度できるような演目《もの》がいいな」と思っていたんです」(『演出術』)と、そっけない発言が残っている。ただ、注目しなければならないのは、階層へのこだわりである。

「たとえば小沢昭一さんのいいときは、声の出し方から、身を低く見せる。小沢昭一さんがやろうとしている芸人らしい腰の低さは、声の出し方からしゃべり方にまで筋が通っている。そういう芸の伝統を、新劇人もきちっと継承すべきだと僕は思っていたわけです。浪曲のような声とか、濁った香具師のような声とかを道化の声の中に入れたかったわけです。ですから『十二夜』の階層については、ものすごくうるさかったんです、すべてはうまくいきませんでしたけどね。しゃべり方や身のこなしから、貴族たちとは、違う身体でやっていく。渥美清さんが健在で、出演してくれればそれに越したことはないけれども、今それができる人は誰かといったら、小沢さんでしょう」(『演出術』)

こうした流れを受けて、蜷川は成宮寛貴、小栗旬の『お気に召すまま』(二〇〇四年)、小栗旬、高橋洋の『間違いの喜劇』(〇六年)、北村一輝の『恋の骨折り損』(〇七年)、小出恵介、高橋一生の『から騒ぎ』(〇八年)、市川亀治郎(現・四代目市川猿之助)と筧利夫の『じゃじゃ馬馴らし』(一〇年)、猿之助と中村倫也の『ヴェニスの商人』(一三年)、そして遺作となった藤木直人と多部未華子の『尺には尺を』(一六年)と、まるで堰を切ったようにシェイクスピア喜劇を手がけていく。その多くに女形として月川悠貴が好演している。

それぞれが思い出深いが、『じゃじゃ馬馴らし』と『ヴェニスの商人』では、歌舞伎の市川猿之助がキャタリーナとシャイロックを演じている。女形と立役をともに演じる猿之助が、現代演劇の俳優とともに、オールメールの舞台に立ったのは、刺激的な体験だった。

共通しているのは、歌舞伎と同様、すべての役が男性によって演じられるところである。理屈はある。シェイクスピアが生きていたエリザベス朝の演劇には、女優はいなかった。女性の役は変声期前の少年俳優によって演じられた。従って、『マクベス』のマクベス夫人のような難役が登場する作品が書かれたときは、レベルの高い少年俳優がいたのではないか。などなど。けれども、蜷川は、東京の中心から離れた彩の国さいたま芸術劇場に、喜劇を観るために観客を呼ぶには、よほどの手立てが必要だと思っていた。

「埼玉県へわざわざ来てもらうためには、演劇のもっているある側面を、時には拡大しなきゃいけない。たとえば、俳優を見たいということは演劇の立派な理由だと思っているわけです。さっきいった二本の理由〔観客動員と実績の積み重ね〕に加えて、三本目でこれは大事です。俳優の素顔をみたい、実演をみたい。あの駅の高いプラットホームで風に晒されながら、誰が冬の埼玉県与野市に来たいかと。スキャンダラスな匂いがプンプンと立つような、オール・メールとか、芸能的ないかがわしさも見せながらシェイクスピアをやる。文化として承認されているものといかがわしいものをドッキングさせて人を呼んで、集客力が四〇％しかなかった劇場を一〇〇％にして、信頼を得ながらいろんなのができるようにしたい。そのことによって、ゴールド・シアターの企画が通りはじめるとか、援助してもらえるようにしていく、というのかな。……ここでネタをばらしちゃいけないよね（笑）」（『演出術』）

公共劇場だといっても、観客動員の数字と演劇賞などの栄誉を獲得しなければ、長年に渡る埼玉県による支出は、打ち切りや削減の危機にさらされるだろう。七十代まで演劇界で生きてきた蜷川には、その過酷さが身に染みていた。

また、埼玉県は自分の故郷だといっても、東京とのあいだにある心理的な隔たり、距離感を厳しくみていた。そのために大手芸能事務所が売り出す俳優を、主役に抜擢した。さらに、男性が女性を演じ、性を横断するときのスキャンダラスな匂いに、演劇の本質があるとよく知っていた。

三四　ゴールド・シアターとネクスト・シアター。車の両輪のように

『真田風雲録』——————二〇〇九年秋

蜷川は、二〇〇五年十一月、彩の国さいたま芸術劇場の芸術監督に内定した。それまでは「彩の国シェイクスピア・シリーズ」の芸術監督であり、音楽ホールも持つこの芸術劇場全体を統括していたのは、作曲家の諸井誠だった。諸井は土屋義彦埼玉県知事の信頼厚く、この劇場の指揮を執ってきたが、知事の失脚からしばらくして職を離れた。後任には蜷川に白羽の矢が立った。

就任後第一に取り組むべき事業として「年齢を重ねた人々が、その個人史をベースに、身体表現という方法によって新しい自分に出会う場を提供する」ための集団作りを提案した。さいたまゴールド・シアターである。

また、「次代を担う若手俳優の育成」を目的に、公演を通して実践的な俳優教育を行うさいたまネ

クスト・シアターを立ち上げた。

私は、ネクスト・シアターについては驚かなかった。先に書いた蜷川スタジオの改組であり、森下のベニサン・スタジオにあった事務所を失った今、大小稽古場と劇場が整った彩の国さいたま芸術劇場で新たな若手養成を行うのは予想がついた。

意表を突かれたのは、ゴールド・シアターである。五十五歳以上という制約のなかで、一二六六人の応募者があり、二〇〇六年の三月にはオーディションを行った。確かに日本の人口構成が逆ピラミッド型になり、老人人口が急増するなか、こうした取組を、行政の意を受けた第三セクターである彩の国さいたま芸術劇場が行うのは、時代の必然に思えた。ただ、蜷川幸雄が率いるのであれば、当然のことながら、趣味の演劇集団には終わらせないだろう、そんな予感があった。

それには実例がある。一九八二年に鈴木忠志が第一回利賀フェスティバルに招聘したクリコット2である。ポーランドの演出家、タディウス・カントールが演出する『死の教室』は、老人ばかりの俳優を、同様に老人のカントールが舞台上で指揮する舞台であった。私は利賀で観て、さらに東京のパルコパートⅢでも観たが、アングラ以降、若い世代によって担われてきた小劇場演劇の常識を破壊するだけの力を備えていた。蜷川の構想には、このクリコット2の舞台があったのは間違いがない。

当時、演出助手を務めていた藤田俊太郎は、ゴールド・シアターのオーディションの衝撃をいまだ、鮮明に覚えている。藤田はゴールド・シアターの初期作品ではつねにプロンプターを務め、舞台のセンターに一番近いところに座り続けていた。ゴールドの俳優たちの台詞が安定しないからでもあるが、老人たちによる演劇を相対化する演出ともいえた。

「蜷川さんの本音はわからないですけど、ゴールドの立ち上げが、さいたまの芸術監督を引き受ける条件だったと公言していますよね。応募者が多いこともあって、十日かけて蜷川さんは全員に会っています。僕はそのメンバーにははじめ入っていなかったんですが、オーディションの初日が終わったときに蜷川さんから電話がかかってきて「来い。こんな機会ないぞ。相当おもしろいぞ」とおっしゃった。次の日に行ったら、その段階で蜷川さんは相当興奮していました。オーディションで、僕は応募者の相手役をやったんです。いきなり呼ばれて(三島由紀夫の『近代能楽集』の)『卒塔婆小町』の青年役をやりました。ゴールドの女性応募者のテキストのうちの一つでした。台詞が入っていない人もたくさんいるし、奇想天外な動きをする人もいるし、そのことに蜷川さんは興奮していました。普通の俳優の尺度では量れない人たちが来ていました。とんでもなかったですね。ものすごい近距離まで蜷川さんに迫って来る方もいました。人生ではじめて演じるわけですから、そんなものだと思って、わざとやっていないところがおもしろいんです。これは何かおもしろいことが起きるんじゃないかという興奮は、オーディションからありました。

蜷川さんは若い頃、雑誌の企画で『ハムレット』の衣裳を自分の両親に着せようとして断られ、芸能プロダクションから老齢の方を呼んだといっていました。そのときから自分は年寄りだけで『ハムレット』をやりたいって思うようになった。結局、その一端がネクスト・シアターがやった『２０１２年・蒼白の少年少女たちによる「ハムレット」』で、若い世代に混って、こまどり姉妹が出演する演出につながったと僕は思っています。年寄りだけでシェイクスピアをやれば、真相にたどりつけるんじゃないか、もしかしたらゴールド・シアターがやっていけるんじゃないか、予感があると直接聞いたことがあります」

二〇〇六年の七月には中間発表『Pro•cess ～途上～』(蜷川幸雄構成・演出　井上尊晶演出　彩の国さいたま芸術劇場大稽古場)、十二月には第二回中間発表『鴉よ、おれたちは弾丸をこめる』(清水邦夫作　蜷川幸雄構成・演出　井上尊晶演出　同大稽古場)があり、翌〇七年の六月には、ゴールド・シアターのために書き下ろされた劇作家岩松了の新作『船上のピクニック』が彩の国さいたま芸術劇場小ホールで上演された。

清水邦夫の旧作をはさんで、『アンドゥ家の一夜』(ケラリーノ・サンドロヴィッチ作　〇九年六月　同小ホール)、『聖地』(松井周作　一〇年九月　同小ホール)、『ルート99』(岩松了作　一一年十二月　同小ホール)と続いていくが、岩松、KERA、松井のような一線級の劇作家が書き下ろしを提供するのも、蜷川の威光が働いていたからだと思う。

藤田は当時の蜷川カンパニーがファクトリーになっていく過程についてこう語っている。二〇〇五年は、蜷川がシアターコクーン芸術監督就任七年目、および七十歳を迎える年を記念して、コクーンだけでも四本の演出作品がある。さらに先に書いた歌舞伎座の『NINAGAWA十二夜』初演があり、彩の国さいたま芸術劇場でも『近代能楽集　卒塔婆小町／弱法師』を演出している。その翌年にゴールドがはじまり、追いかけるようにネクストがはじまる。

「蜷川さんの頭には、スタッフも育てたいというのがはっきりあったと思います。『間違いの喜劇』（〇六年二月　彩の国さいたま芸術劇場）のとき、蜷川さんはファクトリーという言葉を多用していたんですよ。どんどん生産していって、僕ら周りに任せ始めていました。もちろん任せながら全責任をちゃんととるからといって、若手教育、スタッフ教育を実はしていました。（演出補の井上）尊晶さんがゴールドを主に演出して、僕は本番にもプロンプターという役割がありました。この役割があるからこそ、団員ともすごく親密に関わることができました。「ダメ出しもどんどんしていい」。ゴールドに関してはは「どんどん関われ」といわれてました。僕は自分の役割を団員に台詞を覚えさせることだと発見して、一緒に台詞合わせをやっていました。そのなかで僕が発見して（団員に）「ここはこうなんですよ」っていうこともありました。それを発見できる状況と構造を蜷川さんが作っていました。

KERAさんの『アンドゥ家の一夜』では、蜷川さんがプロンプに入っていました。台本が遅いっていう文句は、絶対にいいませんでした。だから蜷川さん自身もプロンプに入って、都合五人くらいいたと思います。

なおかつオープニングは、『アンドゥ家の一夜』という芝居が始まる前のゴールド・シアターの稽古場そのもので、蜷川さんもいるし、僕らもゴールド・シアターの皆さんに指導しているし、台詞の稽古に付き合っている状況そのものでした。そこに、尊晶さんが回っていって「始まるよ、始まるよ」と観客に聞こえるような声でいうんです。ゴールド・シアターの場合は、出ハケ口全部にスタッフがいました。ひもといていくと、スタッフ教育が作品のなかに内在していましたよね。

まさに彩の国さいたま芸術劇場そのものが生産工場のようでした。ゴールドとネクストを合わせると八十人、スタッフを加えると百人近い人々が蜷川さんに怒鳴られながら育っていった感覚があります。それがゴールドとネクストが共演した『２０１４年・蒼白の少年少女たちによる「カリギュラ」』(一四年)であったり『リチャード二世』(一六年)に結実していったと思います」

青年から老年までが渾然一体となって演劇を生産し続けていった彩の国さいたま芸術劇場の日々、蜷川後期の充実を彷彿とさせる。

蜷川自身は私のインタビューにこう答えている。

「二〇〇六年にゴールド・シアターをはじめて、岩松了さんの『船上のピクニック』とかケラリーノ・サンドロヴィッチの『アンドゥ家の一夜』まで、老人がやっちゃったでしょう。今度は福田善之さんの『真田風雲録』を若者たちのネクスト・シアターでやるんです。僕らよりちょっと先輩の、演劇的にいえば革新的な意味を持った福田善之の作品を若者たちが今、やる。お年寄りの芝居と若者たちを育てることを車の両輪みたいにして走っていこうと思っていますね。お年寄りには若い劇作家の、自分たちの出会ったことのない言語とドラマツルギーを渡して、お互いにぶつかり合いながら作品を作ってほしい。逆に若者たちには上の世代のものを渡して、歴史の連続性をちゃんと渡してほしい。だって福田善之が何者か知らないんだから。福田さんがどういう劇作家で、日本の演劇でどういう意味を持ったのか。歴史ってほどじゃない。身近なはずなのに、ほとんどわかっていないのね。この二つが異種交配をしながら進んでいけたらいいな。で、真ん中の世代にいる長谷部さんとかは、きちんと両方の橋渡しをすべきです。演出家は若者を教育しなきゃいけないし、お年寄りの頑固と向き合って新しい戯曲を舞台にしなきゃいけない。年寄りは天使じゃないからね。俺が四十人いると思えばいい」

蜷川の語気に私は気押されていた。「『真田風雲録』の初演は一九六二年ですから私は子供でした」と言いかけて止めた。ともあれ、このインタビューの時点で、蜷川は七十三歳になっていたが、自分を老人と自覚し、その力を信じているのに驚いたのを覚えている。蜷川はこの年、二〇〇九年の六月には、軽い脳梗塞で一週間入院していた。

蜷川スタジオが固定したメンバーを雇用する集団ではなかったように、ネクスト・シアターもまた、若い世代の安住を許さなかった。先に蜷川が言った福田善之の『真田風雲録』は、さいたまネクスト・シアター第一回公演として、大ホールの本舞台の上に仮設された「インサイド・シアター」で行われた。スタジアム状の観客席が組まれ、泥にまみれて若い世代の俳優が、反体制を底にしのばせた戯曲と格闘したのだった。その結果は藤田の証言によれば、以下のようだったという。

「蜷川さんのすごいのは、一回成功したことを全部捨てちゃうことです。四十四人のネクストの第一回公演は、荒々しい作品だと評された。泥のなかで、稚拙ささえも表現してしまった。四十四人、終わったあとにほぼ半分いなくなりましたからね。恐ろしいですけれど、ほぼ半分クビです」

教育を標榜しながら、半分クビとは無責任だと思われるかもしれない。けれど、少なくとも演劇の世界は過酷である。全員が平等に生き残ることなどありえない。誰かが荒れ狂った暴君のように引導を渡していかなければ、すぐに現場は腐敗と沈滞でおおいつくされる。蜷川は若い俳優にとって、自らが恐怖の源泉であることをよく知っていた。

三五　村上春樹をアクリルの空間に収める

『海辺のカフカ』――二〇一二年春

蜷川幸雄が、村上春樹の『海辺のカフカ』を舞台化する。このニュースを聞いて、軽い高揚感に包まれたのを覚えている。

原作はいわずと知れたベストセラーであり、英米で刊行された二〇〇五年には、「ニューヨーク・タイムズ」の「年間ベストブック一〇冊」に選出されるなど世界的な評価を受けている。日本語の制約にとらわれず、国際的な場ですでに地位を築いたふたりの組み合わせがどんな舞台を生み出すのか。容易には想像がつかないだけに、まるで知的なパズルを与えられたような心地さえしたのだった。雑誌「芸術新潮」(二〇一二年五月号)の求めに応じて、私は公演に先だって蜷川にインタビューをしている。

『海辺のカフカ』2014年　彩の国さいたま芸術劇場　（右：木場勝己）
写真提供　ホリプロ，撮影　渡部孝弘

「稽古の初日が近づくに従って、プレッシャーが高まってきたなあ。村上さんの作品を具体化するって難しいですね。小説だと読者のそれぞれが主人公の顔でも風景でもイメージを描いて読んでいくわけです。ところが演劇では、通俗的にいえば、キャスティングして登場人物がどんな顔なのかを決めていかなければいけないんですね。しかもこの小説では、たとえば猫のオオツカやジョニー・ウォーカーが出てきてしゃべったりする。小説のなかでは、ある寓意やメタファーを持った物語の担い手として読めますが、舞台で具体化してしまったときに、紡ぎ出される物語を信じられる環境をどうやって作ることができるか。猫はしゃべるんだから擬人化されているといえばいえるけれど、ビジュアルは人間の大きさでいいのか、それとも現実の猫の大きさがいいのか。具体的な選択が、演出家に対して途方もない数で押し寄せてくる。やっていけばいくほど、どうしようかと迷う。足踏み状態ですね」

舞台化とは、蜷川幸雄による村上春樹作品についての解釈をさしだす場となる。読者が想像してきた人物や風景を、いかに説得力のあるかたちで裏切るか。アクロバティックな作業が期待されていた。

十五歳の誕生日に家を出て遠くの知らない街、高松へと家出していった少年カフカに柳楽優弥、その街の図書館を管理する女性、佐伯さんに田中裕子、カフカを守る図書館の司書に長谷川博己、夜行バスで出会う美容師のさくらに佐藤江梨子、猫と会話する謎の老人ナカタに木場勝己がキャスティングされた。どの役をとっても、舞台人として独特の空気をまとった俳優たちが選ばれている。

「現実の俳優が持っている肉体の限界を抱えながらやっていくのが、演出家の仕事です。実はとても不自由なんです(笑)。今回は村上さんの小説が原作なので、久方ぶりに手も足もでない。困難な山に登る気分なんですが、でもやっていてすごく面白い。村上さんの言葉の易しいようで深い、観念的であるけれども具体的、象徴的でありながらリアルでもある、こういう世界をどうやって演劇にしていくのか。前衛劇を演出する以上の困難さに挑んでいるんです」

村上春樹の世界は、出口のない迷宮に似ている。しかも、カフカとナカタそれぞれを軸とする世界が平行して進んでいく。言葉がフックのように働いて、読者の直感を呼び覚ます。さまざまな分岐点を選択しつつ、夢のなかをさまよっているかのようだ。蜷川はこの独特の感覚の再現をもくろんでいる。

「冒頭の五分くらいのうちにこの劇がどういう方向に行きますよと知らせて、しゃべる猫が出ようとも、カーネル・サンダースが出ようとも、観客が了解できる世界を作るのが僕の役割です。物語の核心は正直いってわかりません。舞台を解説本のように演出してしまっては、おもしろくない。自分としては直感的に、ニューヨークにある自然史博物館に行ったときの記憶が甦ってきたんです。そこにはガラス張りのケースのなかに古代から続く人類の歴史が細密画のようにビジュアル化されて収まっていました。今、考えているのは、ガラスにみえるアクリル板を四枚使って、その組み合わせを装置にしようかということです。図書館もサービスエリアの休憩室もナカタとジョニー・ウォーカーがしゃべっている書斎も、すべてアクリルのボックスのなかに入っている。ガラスの向こう側にあるぼんやりとした空間に収めていきたい。

それには、『風の歌を聴け』をはじめて単行本で読んだときの印象が作用しているかもしれません。『なんて新しい小説だろう』と驚くと同時に、神戸だなんてまったく思わずに外国の話だとばかり思い込んだのが第一印象だったんです。人にとってものすごく大切な話を、大仰にならずに、ひそやかに描いた。そのひそやかに描かれている繊細なものに、憧れるんですね。

僕の演出には、大きく分けて二つの傾向があります。シェイクスピアが暴力的で権力と腐敗に満ちた世界だとすると、その反動で世界を繊細に、しかも微細に見つめるチェーホフに逃げ込みたくなる。僕にとっては、村上さんの世界は、微細に世界と対峙する体験です。神話的な世界の奥の奥にあるひそやかな空気とその肌合いと怖ろしさと。ほっとそこで息をつきたくなる。静かな叫び声をキャッチする精神の動きが、懐かしいレコードを聴いているような気分にさせるんです」

蜷川幸雄は、村上作品を演出する理由を語りつつ、書斎でひとり小説と対話するときの率直な思いを打ち明けている。砂嵐を少年がくぐりぬける。そのなかで生きる意味を発見していく。蜷川自身も疾風怒濤の七十年代に体験した記憶があるのかもしれなかった。

文学と演劇がかならずしも蜜月を生きていないこの時代、複雑な線路が交錯するなかで、村上春樹と蜷川もまた、かつて出会っていた。

「一九八四年にアーティストのローリー・アンダーソンが日本青年館で来日公演を行ったことがありました。その劇場の中の通路で偶然、はじめて村上さんとお会いしたんです。そのときに『蜷川さん、僕、ギリシャで蜷川さんの芝居を観ているんですよ』といわれて驚きました。確かめたら、八三年にアテネのリュカベットスという聳え立つ岩山のてっぺんにある野外劇場で上演した『王女メディア』でした。『アジアの辺境のやつがやるギリシャ悲劇なんてたいしたことないだろう』と思われたんでしょうけれど、半分くらいしか観客がいませんでした。翌年は六千人の観客が集まってくれて古代劇場で上演できたのですが、そのときは淋しいものでした。日本で疎外されて、心配されながら外国へ行って、少しずつ面白がられた。その舞台を観られていると思うと、これも何かの縁だなあと思いました」

その後、蜷川スタジオの若い俳優たちと『作品たち』(一九八五年)をパルコ・スペース・パート3でやったときに、村上の短編『かえるくん、東京を救う』(『神の子どもたちはみな踊る』所収)を一部、上演している。

「当時の公演は、俳優たちがグループを作って、短いエチュードを自分たちで作ってくる。それを僕が観ながら上演に値するかどうか、組み合わせを決めていく。初日近くなるまで上演台本が確定しないような作り方でした。『かえるくん』はとても面白かったので、急遽、村上さんに手紙を書いて上演許可をいただいたことがありました。このエチュードが成立した理由は、そのときちょうど肥った俳優がいて、お腹がとても出ていた。身体を緑色の絵の具で塗って演じたら面白かった。『こういうやり方だったら、村上さんの小説は芝居にできるな』と思ったんです。

俳優の演技を鍛え上げるテキストとしては、村上さんのテキストって最高なんですね。俳優はリアルであることを大切にして、ディテールを描くことが出来なければいけないんです。また、なおかつリアルなだけでもいけない。観念的なものを俳優が操作しないと表現できない世界があります。世界と対峙するときに、俳優が技術として持っていなければいけない要素がさりげない形で入っている。テネシー・ウィリアムズの短編にもそういうディテールを要求するものがあって、ちょっと似ている。村上さんの小説をヒントに、フライパンで野菜炒めを作っているシーンを作ったり、スクーターにのってハンバーグをかっぱらいにいく場面を作ったりしたこともあります。演劇には匂いや肉体の動きの記憶を組織する力があるので、そこだけ抜き出しても、おもしろく見えることがあるんです」

『海辺のカフカ』の上演台本は、フランク・ギャラティによるものだ。ニューヨーク、スイス、フランスでの上演例はあるが、まだメジャーの舞台にはのっていない。村上春樹の本質をよく理解しつつ、巧みにまとめあげられている脚色である。

「四国の森を描くときも、巨大な透明のアクリル板のボックスのなかに樹木が茂っているイメージが、今、僕のなかにあります。観念的な意味を持たせた森に、現代的な空気を持ち込んでいく。モダンジャズの即興演奏と同じように、感覚だけ研ぎ澄まして、さあ行くぞと演出していくのが村上さんの本に対する正しいやり方なんじゃないでしょうか。神経をうまく張り巡らせて、瞬間で決定していく。そのためには、無駄だってわかっていても四国の森を見に行きたい、行かなきゃダメかなって思っています」

演出とは思いつきの産物ではない。即興を支えるのは、現実の体験だという蜷川の考えがよく伝わってくる。

「時々ねえ、村上さんって演劇をよく知っているなあって思うことがあるんです。今なにがいやだって、村上さんに芝居を観られる日がいちばんいやだね。稽古場なんか来てほしくない。初日も会いたくないね。できたら村上さんに(本番の舞台を)観てほしくない。俺、気が弱いんだよ、そういうとこ」

「絶体絶命のピンチを、かえるくんならぬ蜷川さんは、どう切り抜けるのだろう」

インタビュー原稿を私はこう結んでいる。公式に蜷川を取材したのは、この機会が最後になった。

シェイクスピア・シリーズの芸術監督だったときは、一階円形ロビーの隅にある窓のない小部屋が、蜷川が自由に使える部屋だった。この取材のときには、すでに劇場全体の芸術監督になっていたために、二階にある広々とした芸術監督室に迎えられた。蜷川はこの村上春樹の原作を演出することに、神経を尖らせているように見えた。いつも蜷川は気が急いているかのように、つんのめるような話し方をするが、このときはその口調が目立った。

現実の舞台は、幻想性の高い不思議な舞台となっていた。巨大なアクリルのケースを乗せたワゴンがつねに舞台を移動している。インタビューにもあるように大規模な博物館のショーケースを思わせた。ここに登場する人間たちは、遠い昔に死んだ標本のようにも思えた。

俳優の木場勝己は、『海辺のカフカ』のなかで、主人公のカフカ君を四国の迷宮へと誘うナカタさんを演じている。木場はこのワゴンがいやで、二ヶ所をのぞいて乗っていない。そういわれれば、つねにナカタさんは、ワゴンとワゴンのあいだをさまよっていた。地獄の案内人のように。

「でも、蜷川さんには何も言われませんでした。僕はあんまり従う人じゃなかったけど、そうやって先手を打って自分で考えてやると、少しこちらの手が増える。その時、蜷川さんは止めなかったから、そういう意味では自由だった。むしろ蜷川さんじゃない現場のほうが止められることが多いんです」

『海辺のカフカ』の再演は、蜷川の最晩年にあたる一五年の五月である。カフカ役は柳楽優弥から古畑新之に。佐伯は田中裕子から宮沢りえに変わっていた。木場は変わらずナカタ役である。

「僕がお会いしたときは蜷川さんが30代半ばだったんです。その頃から何度も聞いたのは、50になったら演出家はやめる、ってことだった。理由を聞いたら、「そりゃもう、その頃になれば何もないよ、それまでやる方がむしろばかなんだよ」と。『天保十二年のシェイクスピア』のときはもう50歳を超えてたけどまだまだやっているので、パンフレットのインタビューで「（蜷川さんは）嘘をついてますから、嘘をつきとおしてください」っていうメッセージをおくりましたけど（笑）。先達たちも、みな才能が枯渇していくのを見ていて、「年取ったらだめなんだよ、って。体力も落ちるわ、感性も落ちるわ、ろくなことはないよ」と思っていたんでしょう。結局、80歳までやっちゃいましたけど。

　ここ数年は、車椅子で鼻に管をつけてたし、どうしても、おとなしくなっちゃうじゃないですか。だから「たまには怒鳴ったらどうですか、あんまりやってないでしょ、僕が怒りますよ」って言ったら、ちょっと笑いながら、「そんなこと言うのはお前だけだ」って言ってましたね（笑）」

　二〇一三年に狭心症で心臓バイパス手術を受けた。一四年のゴールド・シアター公演『鴉よ、おれたちは弾丸をこめる』の香港公演では宿泊先のホテルで下血した。緊急帰国するためにチャーター機を雇った。本人は「ロックスターみたいだろ」と茶化していたが、車椅子と酸素吸入器が離せなくなった。永遠に甦る不死鳥だと思っていたが、脚の筋肉が落ちてきた。頬もそげてきた。それでも、稽古場に通うことをやめなかった。痛々しい姿だったが、長い年月をともにした木場ならではの励ましだったのだろう。最期の日が刻々と近づいている。私もそう思っていた。

三六　香港のリア王

『鴉よ、おれたちは弾丸をこめる』――二〇一四年秋

彩の国さいたま芸術劇場の業務執行理事兼事業部長の渡辺弘は、雑誌「シティロード」の編集者を経て、銀座セゾン劇場の制作となり、さらにＢｕｎｋａｍｕｒａシアターコクーンに転じてからも長年にわたって、蜷川幸雄の右腕のような立場で、その活動を支えてきた制作者である。コクーンから、まつもと市民芸術館を経て、彩の国さいたま芸術劇場に移った。さいたまに移った二〇〇六年頃、「ここまできたら、蜷川さんは僕が看取るよ」と私にもらしたのをよく覚えている。

今回、この稿をまとめるにあたって、二〇一七年の一月十九日、新宿の紀伊國屋書店で取材を行った。

「僕はもうずいぶん怒鳴られました。彩の国さいたま芸術劇場の事務所のモニターから「ワタナ

べ！」って叫ぶ声が聞こえるんですから。飛んでいくしかない。蜷川さんもストレスを発散しなければいけないから仕方がないと思っていました。演出家で芸術監督として権力に上がっていかなければいけない立場なんだけれど、そこにいると、いたたまれない人でした。小心というよりは、恥ずかしさでしょうか。権力を持ってしまった自分が嫌だというのと、その座にいるのがいたたまれない、けれどもいなきゃいけない。二重三重の屈折があるんですよ。僕がまあ変な話、ずっと側にいられたのも、互いの距離感ですかね。蜷川さん独特の距離感があって、一緒にご飯を食べないとか、家には来るなとか徹底していました。もの凄くシャイで、食べる姿も恥ずかしいから、人の前では食べられない。さまざまなことがいくつも重なって大変な人でした」

こうして文字に起こすと、冷静な物言いに思えるが、三十五年以上も蜷川に尽くしてきた渡辺だけに、表も裏も、すべてを見てきた人間の諦念が感じられた。

ゴールド・シアターは、二〇一四年十一月、十二月に香港とパリで『鴉よ、おれたちは弾丸をこめる』を上演した。劇場は、葵青劇院演藝廳とパリ市立劇場である。蜷川は体調が悪いにもかかわらず香港公演に同行した。

「香港で倒れたときも、肺の水を抜いた後で決して状態はよくなかったのに、当時、雨傘革命が街頭で起こっていた時期だから、行きたいといって飛行機に乗ってきてしまったんですけど、着いたらものすごく具合が悪いのがわかりました。二日後の早朝、演出補の井上尊晶さんから電話があって、部屋に行ったら、尊晶さんがトイレで血をぬぐっていました。本人は、ベッドで上半身を起こしている。そして私に、こと細かに自分の状況を説明するんですよ。何時頃こうでこうで、明け方の何時ぐらいにトイレに行ったら、下血したというような話を、悪いなあとかいいながら冷静に語るところは、演出家なんだなあと思いました」

公演に立ち合うどころではなくなった。運ばれた病院が野戦病院のような状況だったために、転院をし、日本へ帰国するための画策が続いたという。

蜷川は晩年、長い間盟友として遇してきた演劇評論家の扇田昭彦が書いた『ハムレット』(一五年一月)の劇評に敏感に反応して、連載していた「朝日新聞」のコラムで激しく反論していた。

「僕からしても、ひどい劇評には思えなかった。扇田さんは蜷川さんを応援する態勢で書かれていたと思います。でも、扇田さんらしいちょっと冷静な感じが気に入らなかったのかもしれません」

もっとも、それから間もなく、翌月の『リチャード二世』の公演を訪ねた扇田とふたりだけで三十分ほど話し、和解したと聞いている。

そればかりではない。先に引用した『演劇の力』をまとめた「日本経済新聞」編集委員の内田洋一の好意のこもった劇評も蜷川のカンに障った。蜷川のマネージャ小川富子は、慌てて仲介に入ったという。

渡辺は続けて語る。

「扇田さんはとばっちりのようなものだけれど、仕方がないですよね。扇田さんにしか甘えられなかったんだから。権威である「朝日新聞」には愛憎があったと思います。ただ、僕も蜷川さん、ちょっとどうかなとは思った。

でも、香港から帰ってきて、最後の開き直りがあった。車椅子の自分をさらけだす勇気がありました。あれだけ、かっこつけていた人が、酸素吸入器を付けた姿もマスコミに撮らせてもいいといいました。最後のあの潔さは逆にかっこよかった」と思い出している。

渡辺はのちに述べる『リチャード二世』を、「失敗してもいいと思って、思いっきりやれた。車椅子の自分から発想したオープニングを、スターに気を遣うことなく、開き直ってやれた」舞台だったと思っている。

最後の一年の話になった。酸素吸入器が手放せず、車椅子に乗る生活が続いた。車の乗り降りも人の手を借りなければむずかしくなっていた。

「最後の頃はね、もう体が苦しくって、つらくて、蜷川さんはその意味で荒野を歩く「リア王」に私には見えた。もう、取り繕うとか、気を遣うことがないところにまで入ってしまったから、ほんとうに本音を言い出した。私には恐怖の一年でしたけどね。名のある俳優にも「下手くそ、やってられないんだよ！」と露骨に聞こえるように、わざといっていましたからね。最後の現場は(井上)尊晶さんに頼るしかなかった。それはそれは複雑な状況でしたよ」

シェイクスピアの『リア王』の物語が思い出されてくる。三人の娘たちの甘い言葉を聞きたいがために王国を投げ打ったリアは、上のふたりの娘には裏切られ、またお追従をいわない末娘コーディリアを追放してしまう。従者たちを奪われ、孤独のなかで怒りを爆発させたリア王は、世界を呪い、道化とともに嵐の荒野をさまよう。

蜷川自身は、シェイクスピアの『リア王』の演出について以下のように語っている。

「これは目の物語なんだ」と思ったわけです。幕切れ近くになって、リアは娘のコーディリアを道化だと勘違いしたりする。(中略)最後までリアの目は曇ったままで、ついに何も発見できない。その傲慢な老人のすさまじさを演出したかった。僕にしても年老いているわけで、他人から見れば、僕のやろうとしていることなんか狂気の沙汰かもしれない。自分の傲慢さとリアのありかたを錯綜させながら、『リア王』を読んでいったわけですね」(『演出術』)

老いに対する深い絶望がこの言葉には潜んでいる。最後の奇跡ともいえる『リチャード二世』を演出した一五年も、肉体の苦痛との闘いだった。身体の衰えは容赦なく迫ってくる。それでも蜷川は演出家として稽古場に通うことを止めなかった。

三七　もう少し優しくしとけばなあ。演出補井上尊晶の述懐

『鴉よ、おれたちは弾丸をこめる』――二〇一四年秋

いつも蜷川の傍らには、演出補の井上尊晶がいた。

井上が蜷川を人の紹介があって訪ねたのは、一九八七年。ベニサンの第一稽古場で蜷川は、ロンドンのナショナル・シアターで上演する予定の『王女メディア』『NINAGAWAマクベス』の稽古をしていた。スタッフも五人に満たない稽古場で、電話番やコーヒーの世話をする者もいなかった。

「僕は高校生でしたが、初めて最後まで意地を張っている大人を見た。(蜷川には)若手を育てようという気があったのでしょうか。僕を含めて演出家志望が三人いたので、それぞれ演出プランを考えてこいと言われたこともありました。若い空気を取り入れようとしていたのだと思います。芝居よりは映画をよく見ていて、「これは観たか」と僕らと最後まで競っていました。フィリップ・リドリー監

督の『柔らかい殻』(一九九〇年)の黄金色の草原がダーッと広がるイメージには、影響を受けたと思いますよ。あとは、そうですね、トラン・アン・ユン監督の『シクロ』(九五年)には水槽が出てくるんですよ。このイメージは、シアターコクーンで初演した『零れる果実』の水槽につながっていると思います。映画では俳優は水槽には入らないんですが、『零れる果実』では、閉じこもりの青年役の勝村(政信)さんが巧く利用して中に入った。それから頻繁に舞台に水槽が現れるようになりました」

蜷川がいかに映画からイメージを得ていたかがよくわかった。

井上は銀座セゾン劇場からシアターコクーンの初期までは、稽古場だけではなく、行きも帰りも蜷川の自家用車で一緒にいる時間があった。「家族より一緒にいる時間が長い」と笑ったこともあった。二十九年の間、最後の病室まで蜷川を支え続けたスタッフである。

「アイデアが浮かぶと急に演出が変更になりました。『グリークス』の『オレステス』で油壺を使う演出は、歌舞伎の『女殺油地獄』から採ったのですが、夜明けの時間に電話がかかってきます。「こうやりたいけど、準備できるか」。よく次から次へとイメージが出てきますよね。もしかしたら、事前にアイデアが浮かんでも直前まで言わなかったこともあるかもしれません。直前に言う効果を狙っていた。現場はもちろん大変なんですが、スタッフにその演出を観たいなあと思わせる話し方でした。つい楽しんでしまう。誰も止める人はいない。理屈だけじゃないですよね。バランス感覚がいいんでしょうね」

井上は現場の責任者として大変な思いの連続だったと思うが、苦労を厭わなかった。

「演出家は、自分の名前でお客が入るんじゃないとよく言っていました。俺だけじゃダメ、いい俳優がいないと入らないと、どこかでわかっていました。だから旬の俳優、これから伸びてくる俳優を常に探していました。新しい俳優、若い俳優と出会うことで相当エネルギーをもらったと思います。ですから、どの作品も血肉化できる俳優がいれば、立てる俳優があれば(蜷川演出を)再現できると思っています。形だけの再現ではない俳優が出てきてほしいという願望もあります」

二〇一七年一月三十一日に新宿の紀伊國屋書店で行った取材だが、蜷川演出をこれで終わりにしたくない井上の思いが伝わってきた。歌舞伎では、すでに亡くなった演出家の演出を踏襲して、正式にクレジットされる慣行がある。蜷川に代わる演出家が早々現れるわけもない。現時点でも、『近松心中物語』や『NINAGAWAマクベス』の英国公演が予定されている。

「弱音を吐かない人でしたが、若い俳優に裏切られて人並み以上に傷ついている姿も見てきました。これが政治なんだと思わせるほど政治家でしたし、怒りが作品を生み出してきたんでしょうね。それと、老いについて敏感で、老いに対する悩みとか不安と闘っていました。演出家の原動力ってそこかなと思っています。そして、稽古場にすべてがあった。そう思います。

(演出作品が)何本か重なっていても、できるかぎり、劇場にいて舞台を観ていたのはよく覚えています。地方にも必ず行きました。地方だろうが海外だろうが、同じ稽古をして手を抜かないというのがポリシーでしたね。どの現場に行っても、同じクオリティの舞台をみせようと実践していました。

(ゴールド・シアターの)『鴉よ、おれたちは弾丸をこめる』の香港公演には行ってはいますが、初日の朝、倒れたので結局、本番を観ていないんです。よかったよと聞いても人の話は信じない。「だって、俺観てないから」と言っていました。パリにも行けませんでしたが、どんなに(現地の新聞評が)よくても、実際、よい公演だったんですが、自分は行っていないから、終わっていないんですよね。自分の目で観ないと気が済まない演出家でした。

一度、「孤独ですよね」と言ったことがあります。「何言ってんだおまえ」と返事が返ってきました。「そんなこと言ってんじゃねえよ」ってことだと思います。「そうだ」は言わない人でした」

演出補のおまえが側にいるじゃないかと蜷川は言おうとしたのではなかったか。

「(『タンゴ・冬の終わりに』で主演した英国の俳優の)アラン・リックマンが亡くなりましたよと病室で報告したら、「えー」と絶句していた。今思うと「もう少し優しくしとけばなあ」と思います」

「いや、尊晶さんは十分優しかったですよ」と言いかけて止めた。

井上はこの取材のなかで、ほとんど「蜷川さん」と呼ばず「演出家は」と言った。

「以前からそう呼んでましたっけ」と私は訊ねた。

「どうでしょう。その前から言っていたと思いますが、亡くなってからのほうが、意識して言っているかもしれないですね」

蜷川をあえて「演出家」と呼び、客観的に見ることで、その死を乗り越えようとしているように思えてならなかった。

三八　生とは猥雑にして神聖ではないか

『リチャード二世』——二〇一五年春

『コースト・オブ・ユートピア』に二人、『リチャード二世』に一人。私の研究室からよりぬきの学生三人を蜷川の稽古場に送り込んできた。三人にいい聞かせたのは、行くと決めたならば、休むことは一切許されない。一日も欠かさずに稽古場に通うのならば紹介すると私は厳しくいった。

『コースト・オブ・ユートピア』のときに通った学部生は、自宅と彩の国さいたま芸術劇場があまりにも離れていたために、劇場の近くにこの期間だけ下宿を借りた。「芸大生ならば油絵くらい描けるだろう」と劇中の小道具に使う絵を任された。朝早く行って別室で描き、稽古をはじめから最後まで見て、また別室に残って描く。二ヶ月足らずとはいえ、本人にとってはかけがえのない財産になったと思う。

『リチャード二世』2015年　彩の国さいたま芸術劇場
写真提供　彩の国さいたま芸術劇場，撮影　宮川舞子

蜷川は勤勉な学生には、気をくばってくれた。稽古の最終日には、別に時間をとって話をしてくれたという。演出志望ではない学生には、写真作品のポートフォリオをじっくり見てくれたと報告を受けている。自分自身が教授を務めた桐朋学園の演劇専攻の学生ではなくとも、熱心な学生には、隔たりなく親切であった。

二〇一五年の四月五日から十九日に上演されたさいたまネクスト・シアター第六回公演『リチャード二世』の稽古場にも、大学院生が一人通っていたので、蜷川の様子が刻々と入ってきた。

蜷川は自分自身の体力的な限界を感じて、言葉は悪いが、まだ元気なうちに最期のお別れの準備をはじめているのではないか、そんな気がした。

二月の二十五日には、十代目坂東三津五郎の告別式があった。勤務先の入試の仕事があり、この日はどうしても出席できなかったので、事前に三津五郎邸に伺って、お別れをした。十八代目中村勘三郎の急逝以来、私の身辺には死の気配がまとわりついて離れなかった。

三月になって、『リチャード二世』の稽古場へ行った。ネクスト・シアターの公演と銘打ってはいたが、実はネクストとゴールド・シアターの合同公演というべき舞台で、稽古場は老年と若手がいりまじっていた。

ゴールドは『鴉よ、おれたちは弾丸をこめる』のパリ公演を成功させ、老年の劇団として圧倒的な評価を受けた。初演を観たことのある木場勝己も「初演よりすぐれている」と絶賛を惜しまなかった。ネクストもまた、一二年の『ハムレット』では、クローディアスやガートルード、ポローニアスのような中年以降の役も、若手が老けの化粧をほどこして演じ成果をあげた。一四年の『カリギュラ』もまた、ネクスト、ゴールドの合同公演というべき舞台であった。『ハムレット』では川口覚が、『カリギュラ』では内田健司がタイトルロールを演じた。芸能界のアイドル養成、スターシステムからは生まれ得ない俳優を誕生させていた。

蜷川は、ネクストやゴールドを自在に演出することで、演出家として新しいイディオムを獲得しているように思えた。

すでに酸素吸入器と車椅子は手放せないと聞いていたから、厳しい状況を覚悟して稽古場に行った。ところが、蜷川は、まだまだ余力を残していた。私が稽古場に入っていくと、車椅子から立ち上がって迎えてくれた。その動作からも「俺はまだまだ元気だよ」と無言のメッセージが伝わってくるようだった。ダメ出しはいよいよ冴え渡っていた。若い俳優たちへの叱咤激励も鋭く、「不感症」「止めちまえ」など、怒りが炸裂したので、かえって私は安堵したのを覚えている。

演出補の井上尊晶は、「神がかっていた。鳥肌が立つような演出だった」と語るが、俳優への叱咤は、「僕でさえびびるくらい」のダメ出しだったという。蜷川は危機感に捉えられていた。また、ひとりの俳優が不出来だと、台詞も衣裳も準備万端で備えている控えの俳優を稽古場に立たせた。最後の最後まで配役を確定させなかった。苛烈な競争意識のなかで、稽古場は極度に緊張していた。

稽古のなかで蜷川は、俳優たちに位の高い人間を演じるときに「おまえたちは、大きく見せる工夫が足りないんだよ」との指示を出していた。

休憩に入った。稽古場で休憩になると、私は蜷川の演出席に行って、ちょっとした感想をいうのをならいにしていた。ちょっとした話題で、蜷川の気分をリラックスさせたいと『演出術』取材のときから心がけていた習慣だった。

このときは、三津五郎が亡くなって、間もなかったこともあるのだろう。私が三津五郎の聞書きをした『坂東三津五郎　歌舞伎の愉しみ』(二〇〇八年　岩波書店)が頭に残っていた。

「蜷川さん、三津五郎さんはね、こんなことをいっていましたよ、どの役にしても、あれこれやって大きく見せようとすると、かえってどんどん小さくなっていく。何もしなくても、大きく見えなければいけない。

ずっと悩んでいたけれど、背伸びして大きく見せるのではなくて、意識を内へ内へ向けなければいけないと気がついた。そうなるとお客様には大きく見えるものだといっていました」

「ふーん、なるほどね」

蜷川は、ただ頷くばかりだったが、稽古が再開してすぐ、俳優たちに向けて、言い放ったのには驚いた。

「評論家の長谷部さんから、三津五郎さんについておもしろい話を聞いたので、話してもらいましょう」

面食らったが、同様のことを稽古場で大声で話すはめになった。恥ずかしかった。稽古の間に蜷川が俳優にいった「大きく見せる工夫が足りない」と、ある意味では矛盾している。あるいは、工夫とは単なる背伸びではなく、内面的な問題でもあることを知らせたかったのかも知れない。さっきいった蜷川のダメ出しと矛盾しても、稽古場が活性化するのであれば構わない。そんな迫力に満ち満ちていた。

『リチャード二世』は、この歩みの総決算というべき舞台になった。苛烈な競争を勝ち抜いた俳優が、本番に残った。ダブルキャストばかりかトリプルキャストとなった役まであった。私は初日に観た（＊印はゴールド・シアターの俳優、無印はネクスト・シアターの俳優を表している）。

劇の冒頭、ゴールドの俳優たちは、舞台奥の暗闇から車椅子に乗り、コの字型に組まれた客席へ向かって押し出してくる。その後ろに従うのは、ネクストの俳優たち。男性は、紋付き袴、女性は黒留袖。礼服をまとった老若男女が迫ってくる。ラ・クンパルシータが流れる。アルゼンチンタンゴを代表する楽曲である。音楽が高まると、ゴールドの俳優たちは立ち上がり、ネクストの俳優と男女ペアを組んで扇情的にタンゴを踊る。老齢の男性と若い女性。若い男性と老齢の女性の組み合わせだ。一種、異様な光景である。劇空間全体を埋め尽くした人間たち、踊りに身をゆだねる老人と若者。そして、男性二人が紋付き袴を脱ぐと下はモーニング。ふたりのタンゴがはじまる。タンゴの性格もあってエロティックな空気が空間を支配する。生とは猥雑にして神聖ではないかと、演出家は観客に叩きつける。

群衆を駆使してきた蜷川演出の集大成というべき冒頭だった。井上ひさしの初期作品をたびたび演出してきたためか猥雑さを怖れなくなっていた。見学に来ていた私の研究室の学生は「おじいさんもおばあさんも、若いネクストの俳優とぴったりくっついて踊っているから、本当に嬉しそうな顔をしていらっしゃいますよ」ともらした。なるほどと思った。正装した老人と若者が、人間の内部にうずくまっている性をあらわに、群舞を踊っている。人間は性と欲望から永遠に逃れられないのだと語っていた。

イングランド王リチャード(内田健司)は、反逆を企てたとお互いをそしり合うヘンリー・ボリングブルック(竪山隼太)とトマス・モーブレー(堀源起)をともどもに追放する。ボリングブルックの父ジョン・オヴ・ゴーント(＊葛西弘)が亡くなると、アイルランドとの戦費にあてるために、その財産を理由なく没収する。六年間の追放処分とさせられたにもかかわらず、怒りに燃えたボリングブルックは兵を挙げて、お追従をいう取り巻きに囲まれたリチャードを退位に追い込む。やがてポンフレット城に監禁されたリチャードは、神聖なる王位と生身の人間、その双方を生きる人間存在を厳しく問い詰める。シェイクスピアの歴史劇のなかでも権力者の孤独があざやかに描かれる戯曲を、蜷川は最晩年の作品に選んだのだった。

蜷川演出の特質は、リチャード王がゲイであることを、象徴的に描き出したところにある。劇の随所にリチャードは貴族たちとふたりでタンゴを踊る。冒頭のシーンとは異なり、このふたりのタンゴは上半身裸で踊られる。モーニングのジャケットと白いシャツをはぎ取ると、サスペンダーにかろうじて覆われた肌が現れる。ここでは舞踊すなわちセックスであり、リチャードが王でありながら、呼吸し、ものを食べ、寝床で眠り、そしてセックスをする生身の人間であることが指し示されていた。王は友人を必要としているが、そんな臣下はいるはずもない。なぜなら、不幸なことに、このセックスを結ぶ関係さえも、王の権力と抜き差しがたく結びついているからだ。権力によって強いられた性しか、王は手に入れようもないのである。

もちろん内田のリチャードは、性に溺れるだけの人間ではない。同時に宗教的な哲学者でもあった。第三幕第二場、戯曲の指定ではウェールズの海岸とされている。この場面で蜷川は、歌舞伎の浪布に似た布を床面でダイナミックに動かし、そのなかでリチャードのモノローグやオーマール(竹田和哲)の励まし、スクループ(髙橋英希)の報告などが語られた。彼らは波にもまれ、蠢いている。自然の抗いがたい力には、王であろうとも打ち勝つことはできない。運命に翻弄されながら、哲学的な悟り、覚醒に至ろうとする人間に見えたのだった。

さらに、第四幕第一場、ロンドン、ウェストミンスター大会堂でリチャードが王冠と王笏を失う場面で、いかにこの王権を象徴する物質たちがはかなく、浮遊するものであるかを視覚化したのには驚かされた。リチャードの意志に反して、王冠と王笏は宙を飛ぶ。リチャードは権力の源泉を失った。王冠と王笏は次の権力者を求めて消えたのだろうか。

リチャードの宗教的な哲学が凝縮して語られるのは、第五幕の第五場だが、そこで照明(岩品武顕)は、床面に光の十字架を刻印した。裸体となったリチャードは、白い腰布ひとつで十字架に磔となる。王の特権に溺れて、乱費を繰り返した王が、王冠と王笏を手放した末に、磔刑されたキリストに転生する。俗世間と神の国、この地獄と天国がひとつらなりになっている人の世の不思議が胸を打つ。光の十字架は、蜷川演出ではときに見られたが、これほどの哀しみをもたらした例を知らない。

思い出深い台詞がある。

「私は時を浪費した、そしていま、時が私を浪費している。／時は私を時計にし、時を刻ませる。／一分一分が私の思考だ、私の目は文字盤だ、／私という時計は夜も休まず動き続け、／私が溜め息を一つ吐《つ》くたびに／ちょうど時計の針がカチッと動くように、／指が目もとに来て涙をぬぐう」(松岡和子訳『リチャード二世』二〇一五年　ちくま文庫)

こうした困難な劇を立ち上がらせたのは、リチャード二世を演じた内田健司の肉体だったと思い返す。針金のような肉体に、張りつめた極限の精神が宿っていた。よこしまな欲望の裏側には、気高い情理が隠されている。性に暴走しても、澄み渡った思考はひとつの身体に同居している。そんな二律背反したリチャードを見事に体現していた。

特異であることが、かえって普遍性を持つ。オペラ歌手やバレリーナや歌舞伎俳優を例にあげるまでもない。美を宿した肉体とは、ある種の畸形なのではないかと考えさせられたのだった。

また、ネクストの俳優だが、メイクで老け作りをして車椅子に乗り、ゴールドの俳優に化け通したヨーク公爵エドマンド・ラングレーの松田慎也、ノーサンバランド伯爵の手打隆盛の手堅い演技も、劇を底支えしていた。

脇筋も観客の胸を熱く動かした。王妃でありながら、真実の愛からは見放されたかにみえるイザベル（長内映里香）の気品と情熱。王となったボリングブルックの殺害計画に加わった息子のオーマールを守ろうと必死に嘆願するヨーク公爵夫人（＊百元夏繪）の母性。リチャードの破滅を語る庭師たち（＊遠山陽一　＊小川喬也）の滑稽。

すぐれた演出が俳優を着実に成長させた。遠く見えた次の階段を、大きな踏み足で俳優の多くが昇ったとわかる。

幕切れ、冒頭のシーンが繰り返された。礼装の群衆がまたしても客席に迫ってくる。

この三時間に及ぶ劇を経て、同じ場面が別の意味をもって見えてくる。何度か床面に投影された丸い地球の映像が記憶にすり込まれていることもあるのだろう。

国境、性別、年代を超えた人類は、破滅へと向かって、今も、刻々と、絶望的な旅を続けている。

人類の歴史はどこまで続くのか。切り立った崖はもう間近に迫っているのではないかと刃物を突きつけてくるような舞台だった。個としての人間と地球の運命が、ひとつらなりに演出されていた。私は奇跡的な舞台に打ちのめされた。『リチャード二世』は、蜷川後期を代表する舞台となったのである。

『リチャード二世』の初日は、四月の五日だった。初日乾杯は、通例、楽屋の応接スペース周りで行われていたが、この日は出演者が多いこともあったのか、舞台脇の袖に全員が集まった。蜷川は稽古場を訪ねたときよりも、少し小さくなっているような気がした。大勢の俳優に囲まれて、蜷川は酸素吸入をして車椅子に座っていた。うれしそうに微笑んでいたが、稽古場で見せた精気は消えていた。

そんなことははじめてだったが、腰をかがめて「素晴らしい舞台でした」と蜷川の手を握った。手と手が重なり合ったのは、それが最初で最後のことだった。蜷川の手は少しひんやりしていた。

三九　長いお別れ。もう、この劇場の主はいない

『尺には尺を』――二〇一六年春

二〇一五年の十二月に入院してから、蜷川は病院を出ることはなかった。そののちに一六年一月『元禄港歌』、二月『リチャード二世』が上演されたが、演出補の井上尊晶を中心に稽古が行われたと聞いている。

五月になって間もなく、私の携帯に留守電が入っていた。長く蜷川のマネージャを務めた小川富子からで「いますぐにということはないのですが……」と、蜷川の危篤を告げていた。私はこの知らせに返事をしなかった。とても、病床の蜷川に会う勇気が持てなかったからである。

井上尊晶は最後の日々を回想する。

「老いについて敏感でしたから、自分の身体に気をつかっていました。一度目は心筋梗塞、二度目

は脳梗塞でしたが、おかしいなと思うと自分で入院を決めるほどでした。ただ、香港に行くと決めて空港に向かう車のなかでは不安そうでした。香港で倒れて入院してから「失敗したのかな」と自分でもいっていました。

ただ、家族も僕も、きっと退院して、もう一回演出できると思っていました。誤嚥とか本当に危ないときが何度もありましたが、凄まじい精神力で乗り越えていった。きっと帰ってくる、不死身だと信じていました」

五月十二日の夕方五時半頃だったろうか。私の携帯に読売新聞の記者から電話が入った。バスに乗っていたので、電話には出なかったが、嫌な予感がした。十分ほど前から訃報がインターネット上には流れていた。私は読売に電話を返さないままに、電源を切った。予定の通りプールに入って、少し歩き、しばらく泳いだ。蜷川さんが亡くなったんだ、そう思いつつも、納得はできず、一時間半は水のなかにいて、思い出に耽っていた。プールから出られなかった。

十五日の通夜でも実感はわかずに、待合室で、東急文化村の元社長だった田中珍彦や旧知の木場としばらく話をした。野田秀樹の顔が見えたときはほっと安心して、そばに行って話した。葬儀場では、野田や宮沢りえと並んで座った。少し無理に三人で明るく雑談をしたのを覚えている。

祭壇の上手隅に演出補の井上尊晶の姿があった。参列者席には座らず、裏方で立ち働いていた。この葬儀まで、蜷川の演出補をしているのだろうか。

「ああ、こんなときまで、蜷川さんに尽くしているのだな」

そう思ったら胸が締め付けられるようだった。井上尊晶と渡辺弘は、最後まで蜷川の背後で彼を支える忠実な天使だった。

二十五日には、彩の国さいたま芸術劇場で最後の演出作品となる『尺には尺を』の初日があいた。もう、この劇場の主はいない。下手側通路を入ったところで、いつも蜷川は舞台を見守っていた。その場所にフレームに入った小さな写真を置いて、井上尊晶がつきそっていた。

「あっ」

言葉にならない声を出すと、井上は、「いつもの通りです」と答えた。

楽屋の応接セットのまわりで、最後の舞台の初日乾杯があった。英国に蜷川を紹介したプロデューサーのセルマ・ホルトらの挨拶が続くなか、私は、蜷川幸雄の死を受け入れられないでいた。目で井上の姿を探したが、どこにもいない。姿をくらましていた。

ちょうど一年前、二〇一五年の五月二十二日には、評論家の扇田昭彦が悪性リンパ腫で急遽入院して、ほぼ一週間の慌ただしさで急逝していた。七十四歳だった。自宅に戻った遺体と対面するために、蜷川と唐十郎がともに車椅子で弔問する手伝いを、渡辺がしたと聞いている。

彩の国さいたま芸術劇場の大ホール楽屋口をまっすぐ入ったところに、少しくたびれたソファーがある。蜷川とこのソファーで開演前によく雑談をした。私たちにとっては、演劇の話は世間話に属する。しばらく話した後、客席に向かう。そして芝居が終わると、何か他の用事がない限り、このソフアーの周辺に戻って初日乾杯の席に加わった。晩年は、扇田、小説家の松井今朝子、私の順で蜷川と話した。蜷川はこの長幼の順を崩さなかった。

少し照れた蜷川の挨拶をいつも聞いていた。この日、私は、蜷川のいないこの場所で行われる空々しい挨拶をまともには聞いていなかった。

「ロビーの初日乾杯で、よく扇田さんと一緒になったな」と、ぼんやりと思い出していた。「生意気だった私に、優しくしてくださったな、扇田さんも蜷川さんも」。野田秀樹の初日も、いつも扇田と一緒だった。扇田が急に亡くなったとき、東京芸術劇場で行われたお別れの会にも出席したが、いつまでも、その死が実感として感じられないままにいた。けれど、なぜか、このとき、ようやく身近に起こったさまざまな死を受け入れられる気がした。勘三郎も三津五郎も扇田も、この世にはいないと受け入れられた気がした。

蜷川とも、もう、話すことはできない。笑顔をみることもできない。もう、怒られることもない。そう思ったら急にせきあげてくるものがあった。

あとがき

修羅の人だったと思う。

私が知るのは稽古場の蜷川さんに限られるけれども、みずから修羅場を引き寄せ、喜び、怒り、哀しみ、楽しみ、人生のすべてをその場にいる人々と共にした。まぎれもない成功者ではあったが、その意味で蜷川幸雄の舞台人としての人生は、決して安楽なものではなかった。絶望のなかで、かすかに希望を見いだす舞台に全力を投じて一生を終えた。

蜷川幸雄について、単行本をまとめるのは二度目になる。

二〇〇二年に紀伊國屋書店出版部から蜷川との共著で出版された『演出術』(現・ちくま文庫)は、私が二年半に渡って聞書きをした集大成である。この本は、作品の演目についての解説や註をのぞけば、私の問いに蜷川が一問一答で応える形式で綴られた。膨大なインタビューのための時間をもらったにもかかわらず、私の個人的な感想はほとんど盛り込まれていない。

今回、蜷川の逝去にあたって評伝を書こうと思い立ったとき、あえて私的な思いも書き込もうと思った。思えば、二十五歳で演劇評論を始めてから、いつも遥か先を走る演劇人として蜷川幸雄がいた。蜷川がこの世界を牽引していった時代の空気を私なりに書いてみたかった。

『演出術』のほかにも、蜷川を取材する機会にたびたび恵まれた。また、劇評や作品論も、この三十五年の間におびただしく書いている。さまざまな文章は、そのままではないが、この本を書き上げるにあたって存分に盛り込んだ。

歌舞伎では故人となった演出家の仕事が継承されている。そのように蜷川の演出も古典として、長く、現代演劇の世界で生き残っていくに違いない。けれど、演出が「型」として形骸化するのを蜷川は望まないだろう。世界と向かいあう方法として演出を選び取った蜷川の精神こそ、のちの世代に受け継がれていくと信じずにはいられない。

蜷川さん、本当に長い間、素晴らしい舞台と、かけがえのない時間をありがとうございました。

最後になったが、本書をまとめるにあたって尽力してくださった岩波書店編集部の中嶋裕子さんに改めてお礼を申し上げる。

二〇一七年三月

長谷部 浩

長谷部 浩
1956年埼玉県生まれ．慶應義塾大学卒．演劇評論家．東京藝術大学美術学部教授(近現代演出史)．紀伊國屋演劇賞審査委員．現代演劇・歌舞伎を中心に評論．主な著書に『天才と名人—中村勘三郎と坂東三津五郎』『菊五郎の色気』(以上，文春新書)，『菊之助の礼儀』(新潮社)，『野田秀樹の演劇』(河出書房新社)など．蜷川幸雄との共著に『演出術』(ちくま文庫)．編著に『坂東三津五郎　歌舞伎の愉しみ』『坂東三津五郎　踊りの愉しみ』(以上，岩波現代文庫)がある．

権力と孤独　演出家 蜷川幸雄の時代

2017年4月21日　第1刷発行

著　者　長谷部《はせべ》 浩《ひろし》

発行者　岡本　厚

発行所　株式会社 岩波書店
〒101-8002 東京都千代田区一ツ橋2-5-5
電話案内 03-5210-4000
http://www.iwanami.co.jp/

印刷・理想社　カバー・半七印刷　製本・牧製本

© Hiroshi Hasebe 2017
ISBN 978-4-00-061198-5　Printed in Japan

坂東三津五郎　歌舞伎の愉しみ
坂東三津五郎
長谷部浩 編
岩波現代文庫
本体一三四〇円

坂東三津五郎　踊りの愉しみ
坂東三津五郎
長谷部浩 編
岩波現代文庫
本体一一六〇円

演劇のことば
平田オリザ
岩波現代文庫
本体八〇〇円

舞台の記憶
――忘れがたき昭和の名演名人藝――
矢野誠一
四六判一六〇頁
本体二一〇〇円

劇作家秋元松代
――荒地にひとり火を燃やす――
山本健一
四六判三八四頁
本体三四〇〇円

岩波書店刊
定価は表示価格に消費税が加算されます
2017年4月現在